nadiyas backwelt

ars vivendi

Für Abdal

*Wenn du nicht so gerne Kuchen essen würdest,
für wen könnte ich dann backen?*

*Dieser Kuchen war schon immer
für dich bestimmt.*

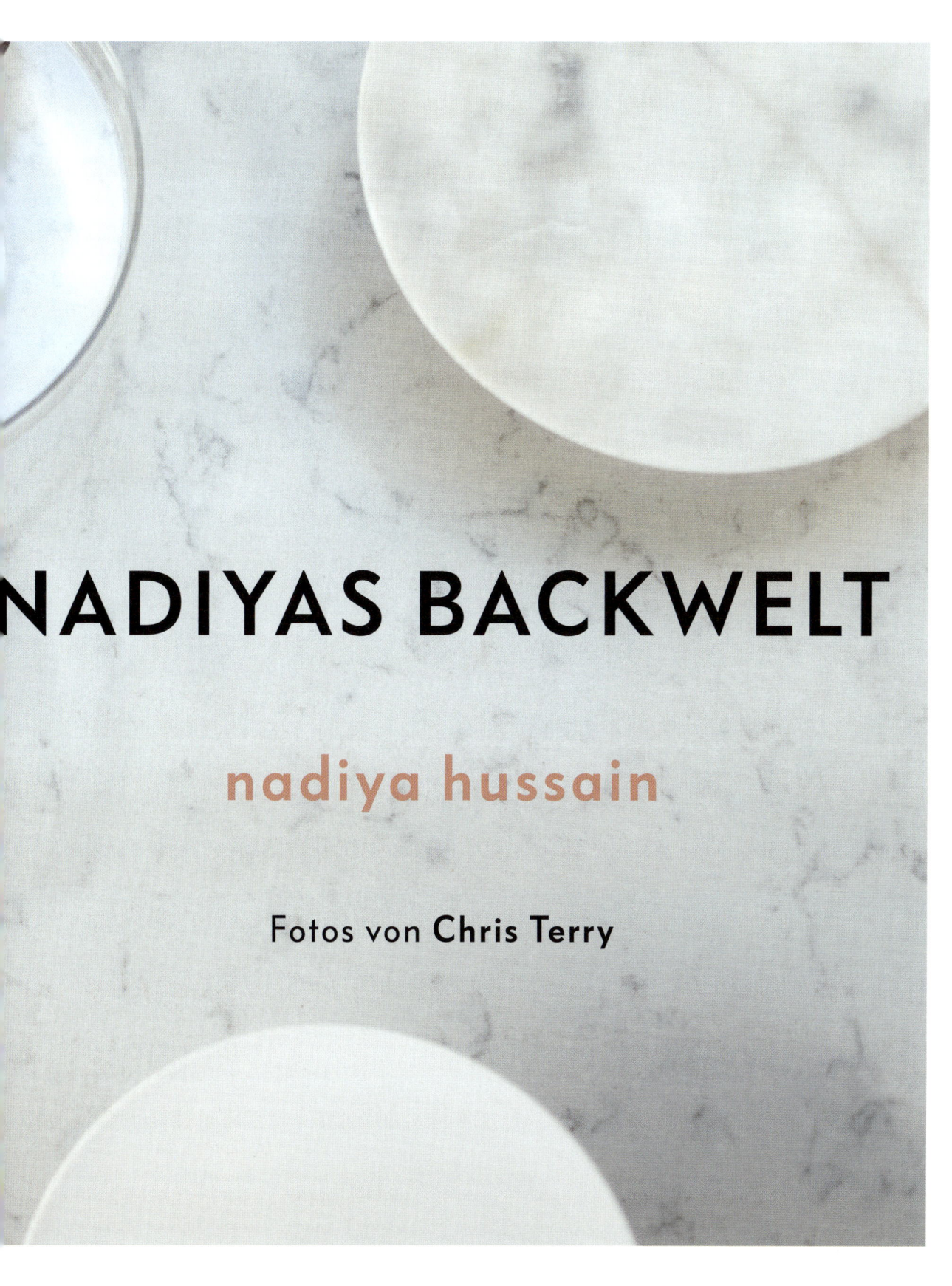

NADIYAS BACKWELT

nadiya hussain

Fotos von **Chris Terry**

Inhalt

Einleitung 7

Kuchen, Küchlein & Blechkuchen 12

Kurkuma-Ingwer-Happen 14   Maxi-Scone mit Blaubeeren und Lavendel 17   Tahini-Kuchen mit Bananen-Curd 21   Marmorierte Matcha-Kiwi-Rolle 22   Brownies mit doppeltem Topping 28   Torta Caprese mit karamellisierter weißer Schokoladensauce 30   Erdbeer-Cupcakes mit Erdbeereis-Buttercreme 32   Umgedrehte Key-Lime-Cupcakes 35   Polenta-Kuchen mit Rhabarber und Rosmarin 36   Anis-Madeleines mit Grapefruit-Syllabub 39   Überzogene Lamington-Torte 42   Saftiger Rosenkuchen 46   Butterkaramellige Müsliriegel 47

Kuchen und Desserts ohne backen 48

Bananeneis-Torte mit Blaubeer-Kompott 50   Blaubeer-Shinny-Kuchen 53   Tropische Schichtspeise 54   Erdbeer-Estragon-Charlotte mit Passionsfrucht 55   Knusprige Rocky Roads 56   Selbstgemachte Überraschungseier 58   Schoko-Puffreis-Happen 59   Schottisches Cranachan mit Mango und schwarzem Pfeffer 60   »Teeramisu« mit Sommerbeeren 64   Vegane Schoko-Mousse mit Orangenfilets 66   Virgin-Mojito-Cremespeise 68   Geschichteter Erdbeer-Reispudding 69

Tartes & Pies 70

Karotten-Tarte 74   Portugiesische Blätterteigtörtchen 76   Grapefruit-Ganache-Tarte 78   Französische Zwiebeltarte mit Blauschimmelkäse 80   Orangen-Zitronengras-Tarte mit Baiserhaube 82   Pecannuss-Empanadas 86   Kanadische Butter Tart 87   Rösti-Quiche 88   Sfeeha-Dreieck 90   Bunte Pakora-Pie 92   Rote-Bete-Tarte-Tatin mit Makrele und Dill-Pesto 93   Pithivier mit Hähnchen, Brie, Cranberry und rosa Pfeffer 94   Tomaten-Galette 97

Desserts 98

Tutti-frutti-Pavlova 100   Fruit Cobbler – Obstauflauf 102   Schokoladen-Ganache mit süß-salzigen Pita-Chips 106   Karamellpudding mit Earl Grey 108   Himbeerrolle mit Vanillesauce 109   Filoteigtaschen mit Sahnefüllung 110   Schokoladenkuchen mit flüssigem Kern 112   Apfel-Estragon-Auflauf aus dem Slowcooker 113   Schokoladen-Karamell-Flan 114   Mit Eiscreme überbackene Croissants 116   Chai-Chia-Pudding 117   Tottenham-Cake mit Vanillesauce 118

Gebäck für feierliche Anlässe 120

Mango-Kokos-Torte mit Buttercremefüllung 122 Honig-Torte mit gesalzenen Haselnüssen 126 Hot Cross Buns mit Beerenfüllung 128 Zitroniger Früchtekuchen 132 Cupcake-Torte 135 Cola-Torte 138 Ricotta-Marmorkuchen mit Birnen 139 Hefekuchen mit Pekannussfüllung 140 Kouign Amann – Bretonischer Butterkuchen 142 Brioche-Kranz mit gebackenem Camembert 144 Herzhafter Nussbraten 148 Skandinavischer Kransekake 149

Kekse & kleine Naschereien 152

Himbeer-Amaretti-Kekse 154 Rhabarber-Creme-Küsschen 157 Schoko-Haselnuss-Küsschen mit Rosmarin 158 Spekulatius mit Dip 160 Shortbread-Splitter mit Blütenblättern 162 Schwarzkümmel-Kekse 164 Chocolate-Chip-Cookies 165 Knusprige Kaffee-Splitter 166 Ingwer-Mandel-Florentiner 169 Fenchel-Kokos-Grissini 172 Pikantes Kichererbsen-Knäckebrot 173 Pfefferminz-Nanaimo-Schnitten 175

Brot, Brötchen & Gebäck 176

Cornish Splits 178 Marmoriertes Zimtbrot 182 Sauerkirsch-Hefeschnecken 184 Brioche mit Schokocreme-Füllung 186 Brioche mit Zitrus-Füllung und Baiserhaube 188 Arabische Pfannkuchen mit Pistazien-Minze-Honig 192 Honeycomb Buns 194 Focaccia mit Lachs-Dill-Füllung 198 Hörnchen mit Rosenblüten-Harissa 201 Krapfen mit Hähnchenfleisch-füllung 207 Schummel-Sauerteigbrot 210 Kartoffel-Fladenbrote mit Eier-Butter 211 Zwiebel-Laugenknoten 212 Kardamom-Zitronen-Brötchen mit Zuckerglasur 218

Herzhaftes aus dem Ofen 220

Toad in the Hole – Fleischbällchen im Teig 222 Gebackene Churros mit Chili 224 Spanakopita mit Panir 228 Salami-Käse-Brote »Pull-apart« 231 Polenta-Auflauf 232 Blumenkohl-Käse-Lasagne 233 Pilze mit Estragon-Sauce und Eiern auf Toast 234 Knuspriges Hähnchen mit Ofenpommes 236 Gebackene Ratatouille 237 Glasnudeln mit Hähnchen in Teriyaki-Sauce 238 Gebackener Lachs mit grünen Bohnen und Pfirsich 240 Gebackener Reis mit Eiern 241 Würziger Kürbisstrudel 242

Danksagung 244

Register 246

Einleitung

Ich habe mehr als eine große Liebe. Wir alle haben viele.

Für mein fünfzehnjähriges Ich waren es die Backstreet Boys. Eines Tages würde ich sie treffen (bildete ich mir ein) und Kevin heiraten – aber erst, nachdem alle fünf um meine Liebe gekämpft hatten! Selbst heute, mit fünfunddreißig, lassen sie mein Herz höherschlagen. Schließlich waren sie die erste unter all den Bands, in die sich ein fünfzehnjähriges Mädchen verlieben kann.

Auch im echten Leben, weit weg von Fantasiewelten und Teenagerträumen, hatte ich das Glück, viele seltsame und wunderbare große Lieben erleben zu dürfen. Zur älteren Schwester zu werden – der erste Anflug einer mütterlichen Liebe. Eine große Liebe unter vielen. Mein erstes richtiges Haustier, die Katze Hira – sie liebte mich wie Thunfisch und ich sie wie Chips. Das erste Mal Tante werden, das Gefühl dieser einzigartigen Verbindung: Wir teilen die gleiche DNA und doch hatte ich nicht einmal etwas damit zu tun. Eine große Liebe.

Mein erstes gebrauchtes Fahrrad, das ich mit meinen Schwestern teilte. Es war eine Sie und wir nannten sie Bluebird. Sie war blau, rostig und hatte weiße Reifen. Mein Dad hatte sie für 30 Pennys auf dem Flohmarkt erstanden. Ich liebte dieses Fahrrad, dessen ungefütterter Sitz etwas gegen mich hatte. Mein erstes Paar Inlineskates – ja, sie waren gebraucht und ich bin blitzschnell herausgewachsen. Aber ich rollte damit an Orte, die jenseits der von meinen Eltern gesetzten Grenzen lagen – nicht weit davon entfernt, aber weit genug. Also liebte ich meine Blades.

Liebe finden, tatsächliche, echte Liebe. Mit keiner anderen Liebe zu vergleichen und ganz die eigene. Echte, große, wahre, richtige Liebe. Und Kinder: Individuen, die in mir wachsen und auf das Kennenlernen warten. Man könnte meinen, dass die große Liebe, die man beim ersten Anblick des eigenen Kinds empfindet, mit jedem nächsten Kind verblassen würde oder geringer sei. Aber nein. Es ist immer große Liebe, frische Liebe, neue Liebe. Jedes Mal, mit jedem Kind.

Und dann ist da natürlich Kuchen. Ja, Kuchen.

Jetzt fragt ihr euch vielleicht, warum Kuchen auf dieser Liste auftaucht? Auf dieser Liste großer Ereignisse und bedeutsamer Erinnerungen – wo hat Kuchen da seinen Platz? Wie alles auf meiner Liste großer Lieben, kam das Backen an einem bestimmten Zeitpunkt in mein Leben. Doch anders als Boybands, Rollerblades und Haustiere, die alle zur Kategorie »Es war einmal« zählen, ist das Backen immer noch Teil meines Lebens – zusammen mit meinem Mann und meiner Familie. Backen ist zu einem derart wichtigen Teil von mir geworden, dass es sich nicht verleugnen lässt. Ich lebe es, atme es, ich rühre, wiege ab und backe. Was soll ich sagen, ich träume davon. Wirklich!

Backen ist meine große Liebe.

Als ich den Kuchen für die Hochzeitsfeierlichkeiten meiner Schwester backte, war mir das noch nicht klar. Einfache Biskuitböden, zusammengesetzt mit klebriger Konfitüre, die unter dem Gewicht der dicken weißen Fondant-Schicht und einem hässlichen Fondant-Bräutigam regelrecht ächzten. Als ich ein paar Jahre später für meinen Schulabschluss eine komplette Pokémon-Torte entwarf (rot-weiß marmorierter Biskuit, Konfitüre-Schicht und bunter Fondant, sorgfältig zu einem »Pokéball« geformt), ahnte ich noch nichts von dieser Liebe. Die Lehrerin sagte: »Du hast wirklich Talent zum Backen. Hast du jemals darüber nachgedacht, eine Konditorlehre zu machen?« Ich habe auch wirkliches Talent beim Schuhebinden, dachte ich damals, also was soll's. Ich wollte einfach einen Einser-Abschluss in Ernährungslehre – und den habe ich bekommen. Sonst war da nichts, kein Funke. Was auch immer es ist, was ich jetzt fühle, die große Leidenschaft wurde damals nicht entfacht.

Zuhause hatten wir einen Ofen, der mit Töpfen und Pfannen gefüllt war und nicht zum Backen verwendet wurde. Er war unser Lager für fettige Frittiertöpfe. Anders habe ich ihn nie erlebt. Er war ein Küchenschrank und KEIN Ofen. Mein Leben ging seinen Lauf. Ich heiratete. Wir zogen in unser eigenes Haus – mit eigenem Ofen. Aber da war immer noch nichts. Kein Verlangen, kein Funke, kein Gedanke ans Backen. Bis …

»Kannst du backen? Ich esse unheimlich gerne Kuchen.« Ja, ich denke schon. Ich könnte sicher ein bisschen backen, für ihn. Also versuchte ich es. Mit einer schiefen Biskuittorte fing es an. Er aß sie auf. Also sparte ich, um mir ein Ofenthermometer zu leisten, mit dem ich die Temperatur im Ofen überwachen konnte. Der nächste Biskuitboden war schon weniger schief. Und so lecker, dass er ihn wieder komplett verdrückte! Dann Erdbeer-Sahne-Muffins. Ein ganzes Dutzend. Etwas zäh, aber trotzdem köstlich. Und sie wurden verputzt. Zu diesem Zeitpunkt konnten unsere Kleinen auch schon mitessen. Ich hob ein paar Erdbeeren auf, hinten im Kühlschrank versteckt, und probierte es noch einmal. Ich rührte den Teig etwas weniger. Das führte zu einer deutlichen Verbesserung. Diese Muffins waren noch schneller weg als die erste Ladung.

Einleitung

Und bevor ich mich versah, backte ich Brot, setzte Hefeteig an, machte Mürbeteig, Blätterteig, Vorspeisenhappen – absolut köstliche Vorspeisenhappen! Ich backte jetzt jeden Tag, einfach, weil ich jemanden hatte, der es aß. Das Backen wurde Teil meines Lebens, wie das Kochen, die Wäsche, das Saugen, das Atmen. Es war natürlich, es war normal. Und ich liebte es.

So ist es für mich eine unheimlich große Freude, euch dieses wunderschöne Buch zu präsentieren. Nachdem ich einmal mit dem Schreiben angefangen hatte, wollte ich gar nicht mehr aufhören. Aber man sagte mir, ich müsste. Also tat ich es auch. Allerdings erst, nachdem ich einige meiner Lieblingsrezepte zusammengestellt hatte – einige traditionell, andere neu interpretiert und weitere irgendwo dazwischen. Dieses Buch ist eine Sammlung all der köstlichen Ideen, die in meinem Kopf herumschwirren, und all der Dinge, die mein Mann immer wieder essen möchte.

Lasst mich kurz die Kapitel vorstellen. Kuchen, Küchlein & Blechkuchen: Probiert die Brownies unbedingt aus! Im Kapitel Kuchen und Desserts ohne Backen wird – genau, richtig geraten – nichts gebacken. Kuchen und Torten gibt es trotzdem, z. B. die Bananeneis-Torte mit Blaubeer-Kompott. Tartes & Pies: Hier findet ihr alle möglichen Köstlichkeiten, von der süßen Kartottentarte bis zur Bunten Pakora-Pie. Desserts: Für dieses Kapitel braucht ihr einen Löffel, um den Fruit Cobbler oder die mit Eiscreme überbackenen Croissants genießen zu können. Gebäck für feierliche Anlässe können wir alle mal gebrauchen und hier gibt es eine gute Auswahl. Wie wäre es z. B. mit einem Brioche-Kranz mit gebackenem Camembert oder einem Hefekuchen mit Pekannussfüllung? Ein Backbuch ohne Kapitel zu Brot, Brötchen & Gebäck wäre nichts Halbes und nichts Ganzes, also findet ihr hier alles Mögliche von Cornish Splits zu Krapfen mit Hähnchenfleischfüllung. Kekse, wir brauchen Kekse! Seien es knusprige Kaffee-Splitter oder Rhabarber-Creme-Küsschen. Wenn euch nach Herzhaftem aus dem Ofen ist, wie wäre es mit gebackenen Churros mit Chili oder einer Blumenkohl-Käse-Lasagne? Dieses Buch hat für jeden etwas zu bieten – zu allen möglichen Anlässen. Nicht, dass wir einen besonderen Anlass bräuchten, um den Ofen vorzuheizen...

Nicht alle werden diese Zeilen verstehen. Aber diejenigen unter euch, die das Backen ebenso lieben wie ich, werden es sofort nachvollziehen können. Deswegen haltet ihr dieses Buch auch in den Händen. Das Backen muss nicht eure große Liebe sein oder auf einer langen Liste großer Lieben auftauchen, so wie es bei mir der Fall ist. Aber vielleicht wird es noch zu einer eurer großen Lieben – und vielleicht findet ihr in diesem Buch das Rezept, das diese Liebe entfacht oder zumindest einen Funken überspringen lässt.

Backen, essen, lieben – und wieder von vorne!

Einleitung

Erstes Kapitel

KUCHEN, KÜCHLEIN & BLECHKUCHEN

———

Kurkuma-Ingwer-Happen

ERGIBT ETWA 24 STÜCK
ZUBEREITUNG 20 MINUTEN **BACKEN** 30 MINUTEN
IN DER KEKSDOSE BIS ZU 5 TAGE HALTBAR

Für den Kuchen
80 g Tahini (Sesammus)
400 g Weizenmehl, gesiebt
300 g Zucker
2 TL gemahlener Ingwer
2 TL gemahlene Kurkuma
½ TL Backpulver
120 ml Olivenöl von guter Qualität
2 große Stücke in Sirup eingelegter Ingwer, abgespült und sehr fein gehackt, plus 4 EL Sirup aus dem Glas

Für den Belag
1 EL Sesamsamen
1 EL Pinienkerne

Den Ofen auf 180 °C vorheizen und eine 20 x 30 cm große, rechteckige Backform mit Backpapier auslegen.

Tahini auf dem Boden der Form verteilen und mit einem Pinsel die Innenseiten gleichmäßig damit bestreichen.

Mehl, Zucker, gemahlenen Ingwer, gemahlene Kurkuma und Backpulver in einer Schüssel mischen.

In die Mitte eine Mulde formen und das Olivenöl hineingießen, anschließend 350 ml kochendes Wasser und den gehackten Ingwer dazugeben. Sorgfältig umrühren, bis eine duftende gelbe Masse entstanden ist.

Die Masse in die vorbereitete Backform gießen. Sie wird auseinanderlaufen und sich gleichmäßig darin verteilen. Sesamsamen und Pinienkerne auf die Oberfläche streuen.

Im vorgeheizten Ofen 30 Minuten backen, bis die Oberfläche nachgibt, wenn man sanft darauf drückt. Die Form aus dem Ofen nehmen und etwa 10 Minuten ruhen lassen. Den Kuchen mit dem Brotmesser diagonal in gleichmäßige Streifen schneiden. Von der gegenüberliegenden Seite wiederholen, sodass rautenförmige Stücke entstehen.

Abschließend die Oberfläche mit etwa 4 EL Ingwersirup bestreichen.

Vor dem Servieren vollständig in der Backform abkühlen lassen.

Eine traditionelle libanesische Köstlichkeit, von mir neu interpretiert. Kurkuma duftet zwar herzhaft, verleiht diesem Rezept aber eine süße Note. Ingwer unterstreicht die Kurkuma – eure Geschmacksknospen werden also was zu tun haben. Die rautenförmigen, mit knusprigen Pinienkernen und Sesamsamen garnierten Happen sehen schön aus und sind ganz einfach gemacht. Perfekt, wenn man Lust auf ungewöhnlichere Süßigkeiten hat.

Kuchen, Küchlein & Blechkuchen

Maxi-Scone
mit Blaubeeren und Lavendel

FÜR 12 PORTIONEN **ZUBEREITUNG** 25 MINUTEN
BACKEN 15 MINUTEN
SCHMECKT FRISCH AM BESTEN

Für die Scones
350 g Weizenmehl, gesiebt, plus mehr zum Bestäuben
1 Prise Salz
4 ½ TL Backpulver
100 g weiche Butter
50 g Zucker
1 TL getrocknete Lavendelblüten, zerstoßen
Abrieb von 1 Bio-Zitrone
175 ml zimmerwarme Vollmilch

Für den Belag
250 g Clotted Cream (alternativ Crème double)
1 TL Vanillepaste
100 g Blaubeerkonfitüre
200 g frische Blaubeeren
Abrieb von ½ Bio-Zitrone

Der dezent nach Lavendel duftende Teig für diese Scones wird zu einem Kreis geformt und dann wie eine Pizza in Stücke geschnitten. Zum Servieren wird mit Konfitüre durchzogene Clotted Cream darauf geschichtet und mit vielen frischen Blaubeeren garniert. In England herrscht eine große Debatte, was zuerst auf die Scones gehört: Cream oder Konfitüre? Mir ist das ehrlich gesagt gleich – solange keine Komponente weggelassen wird. Nach einem großen Geschmacks-Desaster hatte ich mir mal geschworen, nie wieder mit Lavendel zu backen. Inzwischen habe ich aber gelernt, dass ein klein wenig davon schon ausreicht. Also experimentiert hier nicht mit den Mengenangaben – sonst werdet ihr es bereuen!

Den Ofen auf 200 °C vorheizen und ein Backblech mit Backpapier auslegen.

Mehl, Salz und Backpulver in einer großen Schüssel sorgfältig mischen.

Die Butter mit den Fingerspitzen unter die Mehlmischung kneten, bis keine großen Stückchen mehr zu erkennen sind. Zucker, Lavendel und Zitronenabrieb unterheben.

In die Mitte eine Mulde formen, die Milch hineingießen und mit dem Teigschaber vermengen. Den Teig mit den Händen auf der leicht bemehlten Arbeitsfläche locker zusammenbringen – nicht kneten, sonst werden die Scones zäh statt locker und zart.

Den Teig direkt auf dem vorbereiteten Blech zu einem 2 cm dicken Kreis ausrollen. Nach Belieben kann der Rand sauber abgeschnitten werden, ich habe ihn aber gerne unregelmäßig.

Den Kreis mit einem scharfen Messer in 12 Tortenstücke schneiden. Im vorgeheizten Ofen 15 Minuten backen, bis die Sonces am Rand schön goldbraun und in der Mitte etwas heller sind. Drückt man sanft auf die Oberfläche, sollte sie nicht mehr nachgeben.

Auf dem Blech vollständig abkühlen lassen. Dann auf eine Servierplatte setzen.

Clotted Cream und Vanillepaste glatt rühren. Die Konfitüre mit einem Löffel unter die Mischung ziehen, sodass ein Marmor-Effekt entsteht.

Die Masse auf den Scones verteilen und dabei rund um den Rand 1 cm frei lassen, sodass man die Scones gut von der Hand essen kann. Mit Blaubeeren und Zitronenabrieb garnieren. Schon kann serviert werden.

Kuchen, Küchlein & Blechkuchen

Kuchen, Küchlein & Blechkuchen

Tahini-Kuchen mit Bananen-Curd

FÜR 8–10 PORTIONEN
ZUBEREITUNG 40 MINUTEN
BACKEN 1 STUNDE

Für den Kuchen

Butter für die Form
200 g Tahini (Sesammus)
200 g Zucker
4 Bio-Eier
1 mittelgroße Banane, geschält und mit der Gabel fein zerdrückt (ca. 100 g Fruchtfleisch)
200 g Weizenmehl, gesiebt
3 ½ TL Backpulver
1 TL Vanilleextrakt

Für den Curd

4 Bio-Eier
60 g weiche Butter
2 EL frisch gepresster Zitronensaft
300 g Zucker
4 mittelgroße reife Bananen, geschält und grob zerkleinert (ca. 400 g Fruchtfleisch)
1 EL Maisstärke
½ TL geriebene Muskatnuss

Außerdem

2 Sesam-Krokant-Riegel (à 30 g), zerstoßen

Dank der Tahini ist dieser Kuchen köstlich leicht, mit dezent-nussiger Note. Das Bananen-Curd wird mit Muskatnuss abgeschmeckt, es ist also süß mit einer gewissen Tiefe – ähnlich wie die meisten von uns. Zerstoßener Sesam-Krokant sorgt dafür, dass der eine oder andere Happen schön knusprig ist.

Eine Kastenform mit 900 g Fassungsvermögen mit Backpapier auslegen und leicht einfetten. Den Ofen auf 160 °C vorheizen.

Den Kuchenteig zubereiten: Tahini, Zucker, Eier, die zerdrückte Banane, Mehl, Backpulver und Vanilleextrakt in einer Rührschüssel mit dem Handrührgerät in etwa 2 Minuten zu einer glatten, glänzenden Masse verarbeiten, sodass keine Klumpen entstehen. In die Kastenform füllen und die Oberfläche glatt streichen.

In der Ofenmitte 1 Stunde backen, bis der Kuchen leicht aufgegangen und schön gebräunt ist. Der Kuchen ist fertig, wenn an einem in die Mitte gestochenen Holzstäbchen beim Herausziehen kein Teig mehr haftet.

Währenddessen den Curd zubereiten: Eier, Butter, Zitronensaft, Zucker, Bananen, Maisstärke und Muskatnuss in der Küchenmaschine zu einer glatten Masse verarbeiten.

Die Masse in einen beschichteten Topf füllen und bei mittlerer Stufe auf dem Herd unter ständigem Rühren erhitzen, bis sie andickt. Vom Herd nehmen, in eine Schüssel füllen und vollständig abkühlen lassen. Dann die Oberfläche mit Frischhaltefolie abdecken und den Curd im Kühlschrank ruhen lassen.

Den fertigen Kuchen aus der Form stürzen und auf einem Kuchengitter vollständig abkühlen lassen.

Den abgekühlten Kuchen quer in drei gleich große Stücke schneiden. Die beiden oberen Lagen beiseitelegen. Zwei gehäufte EL Bananen-Curd auf die untere Lage geben und gleichmäßig verstreichen. Ein Drittel der Sesam-Krokant-Krümel darüberstreuen. Die nächste Kuchenlage daraufsetzen und ebenfalls mit Bananen-Curd bestreichen und mit einem Drittel der Sesam-Krokant-Krümel bestreuen. Die oberste Kuchenlage daraufsetzen, mit einer großzügigen Portion Curd (etwa 5 EL) bestreichen und mit den übrigen Sesam-Krokant-Krümeln garnieren.

Reste vom Bananen-Curd sind in einem gut verschlossenen Glas im Kühlschrank bis zu 2 Wochen haltbar (er schmeckt perfekt auf Pancakes).

Marmorierte Matcha-Kiwi-Rolle

FÜR 8–10 PORTIONEN ZUBEREITUNG 40 MINUTEN
BACKEN 15–18 MINUTEN
SCHMECKT FRISCH AM BESTEN

Butter für die Form

Für den hellen Biskuitteig

4 Bio-Eier

100 g Zucker, plus etwas zum Aufrollen des Teigs

100 g Weizenmehl, gesiebt

1 TL Backpulver

Für den Matcha-Biskuitteig

4 Bio-Eier

100 g Zucker

90 g Weizenmehl, gesiebt

2 EL Matcha-Pulver (aus dem Bioladen oder Drogeriemarkt)

Für die Füllung

4 Kiwis, geschält und grob gewürfelt

50 g Puderzucker

150 g flüssige Schlagsahne

Die helle Biskuitrolle wird mit einer leuchtend grünen Matcha-Marmorierung aufgewertet. Wunderschön! Das charakteristische Matcha-Aroma des Biskuitbodens wird mit einer Kiwi-Sahne-Füllung kombiniert und die Rolle zum Servieren mit Kiwi-Püree beträufelt. Zu schön zum Essen? So weit würde ich nicht gehen.

Den Ofen auf 180 °C vorheizen und ein 30 x 40 cm großes Backblech mit Backpapier auslegen.

Mit dem hellen Biskuitteig anfangen: Eier und Zucker in einer großen Schüssel mit dem Handrührgerät etwa 5 Minuten hell und schaumig aufschlagen. Wenn man die Rührstäbe aus der Masse hebt, sollte diese in einem dicken Band herablaufen und kurz die Form halten – so weiß man, dass sie dick genug ist.

In einer separaten Schüssel Mehl und Backpulver mischen und dann vorsichtig unter die schaumige Masse heben, bis kein Mehl mehr zu erkennen ist.

Den Teig auf das vorbereitete Backblech gießen und dieses vorsichtig hin und her bewegen, damit er sich gleichmäßig in alle Ecken verteilt. Beiseitestellen und den Matcha-Teig zubereiten.

Dafür Eier und Zucker hell und schaumig aufschlagen, wie oben beschrieben. In einer separaten Schüssel Mehl, Backpulver und Matcha-Pulver mischen und diese trockenen Zutaten sorgfältig unter die schaumige Masse heben, bis sie glatt und dunkelgrün ist.

Den Matcha-Teig in einen Spritzbeutel füllen (so lässt er sich besser auf den hellen Biskuitteig auf dem Blech auftragen) und den Matcha-Biskuitteig schlangenförmig auf den hellen Teig spritzen (Muster siehe nächste Seite).

Das Blech mit der Längsseite parallel zur Arbeitsfläche stellen. Ein Messer, Holzstäbchen oder Löffelchen in eine der unteren Ecken stecken, bis es den Blechboden berührt, und in einer gleichmäßigen, durchgängigen Bewegung parallel zum Blechrand auf die andere Seite ziehen. Auf der anderen Seite angekommen, geht es mit einer Kehrtwende parallel zur ersten Linie zurück, und so weiter, bis die gesamte Biskuitmasse mit parallel laufenden Längslinien durchzogen ist.

→

Kuchen, Küchlein & Blechkuchen

Das Blech um 90 Grad drehen, mit einer der kurzen Seiten parallel zum Rand der Arbeitsfläche, und den Prozess wiederholen.

Das Blech nun zweimal kräftig auf die Arbeitsfläche stoßen, damit sich die Masse setzt und die Oberfläche glatt wird.

Im vorgeheizten Ofen 15–18 Minuten backen, bis der Biskuitboden zurückfedert, wenn man mit den Fingern sanft auf die Mitte drückt.

Ein großes Stück Backpapier auf der Arbeitsfläche ausbreiten und großzügig mit Zucker bestreuen.

Den Biskuitboden auf den Zucker stürzen, sobald er aus dem Ofen kommt.

Der Biskuitboden wird zwischen zwei Lagen Backpapier eingewickelt: Das obere Backpapier vorsichtig vom Biskuit lösen, aber darauf liegen lassen. Den Biskuitboden nun inklusive Backpapier von einer der Längsseiten her aufrollen und vollständig abkühlen lassen.

Inzwischen die Füllung zubereiten: Kiwi und Puderzucker in der Küchenmaschine zu einem glatten Püree verarbeiten.

Den abgekühlten Biskuitboden vorsichtig auseinanderrollen und das obere Backpapier entfernen. Eine dünne Schicht Kiwi-Püree auf dem Biskuit verstreichen. Die Sahne locker aufschlagen, damit sie ihre Form hält, und dann dünn auf dem Kiwi-Püree verstreichen. Den Biskuit jetzt wieder aufrollen.

Das restliche Kiwi-Püree für die Oberfläche aufbewahren.

Die beiden unregelmäßigen Enden der Biskuitrolle sauber abschneiden – ihr könnt sie naschen, bitteschön! So ist der Marmor-Effekt besser zu sehen.

Die Biskuitrolle auf eine Servierplatte setzen und der Länge nach mit dem restlichen Kiwi-Püree beträufeln, sodass es schön an den Seiten herunterläuft. Zum Servieren in Scheiben schneiden.

→

Kuchen, Küchlein & Blechkuchen

Brownies mit doppeltem Topping

ERGIBT 18 STÜCK
ZUBEREITUNG 40 MINUTEN, PLUS KÜHLZEIT ÜBER NACHT
BACKEN 55 MINUTEN
IM KÜHLSCHRANK 3–4 TAGE HALTBAR

Für die Brownies

250 g dunkle Schokolade

250 g weiche Butter, plus etwas für die Form

4 Bio-Eier

280 g Muscovado-Zucker (alternativ dunkler Rohrzucker)

1 TL Instant-Kaffeepulver von guter Qualität, aufgelöst in 2 TL heißem Wasser

120 g Weizenmehl, gesiebt, plus 1 TL

30 g Kakaopulver, gesiebt

½ TL Salz

150 g dunkle Schokoladenchips

Für die Nussschicht

200 g gemischte Nusskerne oder Haselnusskerne, gehackt

450 g Dulce de leche (Karamellcreme aus dem Glas; im Bioladen oder gut sortierten Supermärkten erhältlich)

½ TL Salz

Für die Frischkäseschicht

300 g Frischkäse (Doppelrahmstufe)

100 g Zucker

2 Bio-Eier

1 TL Mandelextrakt (alternativ 2–3 Tropfen Bittermandelöl)

Abrieb von 1 Bio-Orange

1 EL Weizenmehl

Kakaopulver zum Bestäuben

Zu diesem Rezept gibt es nicht viel zu sagen. Immer auf der Suche nach den besten Brownies, mache ich sie einfach selbst, wenn ich keine kaufen kann. Hier sind sie also: Dreifache Schokoladen-Brownies mit einer Schicht gerösteter Nüsse in Dulce de Leche. Darauf kommt eine Frischkäse-Masse und abschließend wird das Ganze noch mal gebacken. Mehr ist wirklich nicht zu sagen!

Die Schokolade in Stücke brechen und mit der Butter in einem kleinen Topf auf niedriger Stufe unter häufigem Rühren schmelzen. Beiseitestellen und abkühlen lassen.

Eine rechteckige Backform (20 x 30 x 5 cm) mit Backpapier auslegen, sodass es am Rand rundherum 1 cm übersteht, und leicht fetten.

Den Ofen auf 180 °C vorheizen.

In einer großen Schüssel Eier, Zucker und abgekühlten Kaffee mit dem Handrührgerät etwa 5 Minuten schaumig aufschlagen. (Der Kaffee unterstreicht den Schokoladengeschmack und ist selbst nicht zu schmecken.)

Die abgekühlte geschmolzene Schokoladenmasse unterrühren, bis keine Schoko-Streifen mehr in der Masse zu sehen sind.

Das gesiebte Mehl, Kakaopulver und Salz sorgfältig unterheben, bis eine glänzende Masse entstanden ist.

Den Teelöffel Mehl unter die Schokoladenchips mischen (dann sinken sie später nicht auf den Boden der Form) und alles unter die Schokoladenmasse heben. Gleichmäßig in der vorbereiteten Form verteilen. Im vorgeheizten Ofen 25 Minuten backen.

Inzwischen die Nüsse in einer großen Pfanne ohne Fett unter Rühren goldbraun rösten.

In einer Schüssel Dulce de Leche, geröstete Nüsse und Salz mischen. Beiseitestellen.

Die gebackenen Brownies aus dem Ofen nehmen und in der Backform abkühlen lassen. Anschließend mit der Nuss-Masse bestreichen. Im Gefrierschrank 30 Minuten ruhen lassen.

Die Ofentemperatur auf 170 °C reduzieren.

Für die Frischkäseschicht Frischkäse, Zucker, Eier, Mandelextrakt, Orangenabrieb und Mehl sorgfältig glatt rühren.

Die Masse gleichmäßig auf der Nussschicht der abgekühlten Brownies verstreichen und diese nochmals 30 Minuten backen, bis der Frischkäse gestockt ist.

Die Brownies vollständig abkühlen und über Nacht im Kühlschrank ruhen lassen. Das Warten lohnt sich!

Abschließend mit Kakaopulver bestäuben, aus der Form nehmen und in quadratische Stücke schneiden. Reinhauen!

Torta Caprese
mit karamellisierter weißer Schokoladensauce

5 Bio-Eier

1 Prise Salz

200 g weiche Butter, plus mehr zum Fetten

150 g Zucker

200 g gemahlene Mandeln

200 g dunkle Schokolade, geschmolzen

25 g Kakaopulver

1 TL Backpulver

Puderzucker zum Bestäuben

Für die karamellisierte weiße Schokoladensauce

400 g weiße Schokolade von guter Qualität, in Stücke gebrochen

1 Prise Salz

Puderzucker

TK-Beerenmischung (optional)

FÜR 8 PORTIONEN **ZUBEREITUNG** 30 MINUTEN
BACKEN 1 STUNDE, **KÜHLEN** 45 MINUTEN
SCHMECKT WARM UND FRISCH AM BESTEN, IST ABER 3 TAGE HALTBAR

Ein wunderbarer Schokoladenkuchen – reichhaltig und gleichzeitig leicht, dank dem Eischnee. Die gemahlenen Mandeln sorgen für eine großartige Textur. Der Kuchen ist einfach und lecker und schmeckt mit der warmen, karamellisierten weißen Schokolade besonders köstlich. Denn nur so isst mein Ehemann Schokoladenkuchen: mit noch mehr Schokolade!

Den Ofen auf 170 °C vorheizen. Eine runde Kuchenform (23 cm Ø) mit Backpapier auslegen und leicht fetten.

Die Eier in zwei mittelgroße Schüsseln trennen.

Das Eiweiß mit einer Prise Salz steif schlagen und beiseitestellen.

Butter, Zucker, gemahlene Mandeln, abgekühlte geschmolzene Schokolade, Kakaopulver und Backpulver zu den Eigelben geben und alles mit dem Handrührgerät glatt rühren.

Ein Drittel des Eischnees mit einem Löffel unter die Schokoladenmasse rühren, um sie etwas aufzulockern.

Jetzt den restlichen Eischnee unterheben, bis keine Eischnee-Streifen mehr in der Masse zu sehen sind.

Die Masse in die vorbereitete Kuchenform füllen und im vorgeheizten Ofen 50–60 Minuten backen.

Nun ist es an der Zeit, mit der Zubereitung der karamellisierten weißen Schokoladensauce zu beginnen, mit der die Torta serviert werden soll.

Die weiße Schokolade mit einer Prise Salz in einem Topf mischen, der groß genug ist, damit die Schokolade darin in einer gleichmäßigen Schicht verteilt werden kann. Diese auf niedriger Stufe unter ständigem Rühren erhitzen.

Die geschmolzene Schokolade gleichmäßig im Topf verteilen und die Temperatur leicht erhöhen. Kurz warten, umrühren und wiederholen, bis sie goldbraun karamellisiert ist.

Falls die Schokolade zu einem festen, kreideartigen Klumpen erstarrt, einfach den Topf vom Herd nehmen und ein paar Minuten warten, bis sie wieder flüssig wird. Dann kann man mit dem Erhitzen, Verteilen und Rühren weitermachen. Dieser Prozess kann 20–25 Minuten dauern und – kleine Warnung – Schokolade kann so richtig heiß werden, also seid vorsichtig. Das Ergebnis ist eine ziemlich klumpige Mischung, also füllt sie einfach in einen Messbecher oder eine Schüssel, fügt 150 ml heißes Wasser hinzu und mixt mit dem Pürierstab, bis eine glatte Sauce aus karamellisierter weißer Schokolade entstanden ist.

Die Torta ist fertig gebacken, wenn die Oberfläche in der Mitte leicht zurückfedert, wenn man mit den Fingerspitzen sanft darauf drückt. Den Ofen ausstellen und die Torta bei geöffneter Ofentür noch 30 Minuten darin stehen lassen. Herausnehmen und in der Form 15 Minuten abkühlen lassen, dann großzügig mit Puderzucker bestäuben. Mit großzügig meine ich, vollständig bedecken! In Stücke schneiden und zum Servieren mit karamellisierter Schokoladensauce beträufeln. Wer möchte, kann die Torta noch mit gefrorenen Beeren garnieren.

Falls die Sauce abgekühlt und fest geworden ist, könnt ihr sie einfach auf sehr niedriger Stufe in einem Topf auf dem Herd oder in einer Schüssel über einem heißen Wasserbad aufwärmen.

Erdbeer-Cupcakes
mit Erdbeereis-Buttercreme

ERGIBT 12 STÜCK **ZUBEREITUNG** 30 MINUTEN, PLUS KÜHLZEIT **BACKEN** 15 MINUTEN
HALTEN SICH BIS ZU 2 TAGE AM BESTEN IM KÜHLSCHRANK

Für die Erdbeereis-Buttercreme
- 200 g leicht gesalzene weiche Butter
- 350 g Puderzucker
- 100 g weiche Erdbeer-Eiscreme

Für die Cupcakes
- 12 runde Doppelkekse mit Vanillefüllung
- 12 kleine bis mittelgroße Erdbeeren
- 100 g Clotted Cream (alternativ Crème double)
- 100 g Zucker
- 2 Bio-Eier
- 1 TL Vanillepaste
- 100 g Weizenmehl, gesiebt
- 1½ TL Backpulver
- 10 g gefriergetrocknete Erdbeeren zum Garnieren

Manchmal ist es schwer, sich zu entscheiden. Erdbeeren mit Schlagsahne sind ein klassisches Dessert. Clotted Cream liebe ich aber auch, also konnte ich der Versuchung nicht widerstehen, diese britische Spezialität für den Kuchenteig zu verwenden. Keine Butter, nur Clotted Cream! Außerdem liebe ich Erdbeer-Biskuittörtchen, also hat jeder Cupcake einen Keksboden und in der Mitte ist jeweils eine Erdbeere versteckt. Die Krönung ist Buttercreme mit Erdbeereis. Manchmal muss man sich eben nicht entscheiden, sondern kann alles haben!

Zuerst die Buttercreme vorbereiten, weil sie gekühlt werden muss. Die Butter mit dem Handrührgerät hell und schaumig schlagen. Den Puderzucker daraufsieben, zunächst mit dem Löffel locker unterheben und dann wieder mit dem Handrührgerät hell und schaumig schlagen. Die Eiscreme unterrühren. Mindestens 1 Stunde im Kühlschrank ruhen lassen.

Die gekühlte Buttercreme mit dem Handrührgerät luftig aufschlagen und in einen Spritzbeutel mit Sterntülle (1 cm) füllen und kalt stellen.

Den Ofen auf 180 °C vorheizen und ein Muffinblech mit 12 Mulden mit Papierförmchen auslegen. Auf den Boden der Förmchen jeweils einen Doppelkeks legen und je eine Erdbeere mit der Spitze nach oben daraufsetzen.

Für den Kuchenteig Clotted Cream und Zucker in einer Schüssel mit dem Handrührgerät luftig aufschlagen.

Die Eier nacheinander sorgfältig untermischen.

Vanillepaste, Mehl und Backpulver hinzufügen und gründlich zu einem glatten Teig verrühren, damit keine Klümpchen entstehen.

Die Masse auf die 12 Förmchen verteilen. Darauf achten, dass die Erdbeeren davon vollständig umgeben und bedeckt sind.

Das Muffinblech vorsichtig auf die Arbeitsfläche stoßen, damit die Teigoberfläche glatt wird. Im vorgeheizten Ofen 15 Minuten backen, bis die Cupcakes luftig aufgegangen und goldbraun sind.

Aus dem Ofen nehmen und 10 Minuten im Blech abkühlen lassen. Zum vollständigen Abkühlen auf ein Kuchengitter setzen.

Die Buttercreme auf die Cupcakes spritzen und mit gefriergetrockneten Erdbeeren garnieren.

Umgedrehte Key-Lime-Cupcakes

ERGIBT 12 STÜCK **ZUBEREITUNG** 30 MINUTEN, PLUS KÜHLZEIT **BACKEN** 25 MINUTEN
IM KÜHLSCHRANK BIS ZU 3 TAGE HALTBAR

- 1 große Bio-Limette, in 12 dünne Scheiben geschnitten und die Scheiben halbiert
- 12 Hafer- oder Ingwerkekse (die gut in den oberen Teil der Cupcake-Förmchen passen)
- Schlagsahne zum Servieren (optional)

Für den Kuchenteig
- 50 g weiche Butter
- 50 g Zucker
- 1 Bio-Ei
- ½ TL Vanilleextrakt
- 50 g Weizenmehl, gesiebt
- ½ TL Backpulver

Für die Limettencreme
- 200 g Kondensmilch
- 1 Bio-Ei
- Abrieb und Saft von 2 Bio-Limetten
- 150 g flüssige Schlagsahne, plus etwa 200 g zum Servieren (nach Belieben)

Das Vorbild für diese Cupcakes ist die amerikanische Key Lime Pie. Allerdings stehen sie ein bisschen Kopf … Die einzelnen Komponenten werden in Papierförmchen geschichtet: Limette, Kuchenteig, säuerlich-frische Creme und Kekse. Das Ganze wird gebacken und abschließend umgedreht. Es sind sämtliche Aromen der berühmten Pie vorhanden, nur eben buchstäblich auf den Kopf gestellt.

Den Ofen auf 180 °C vorheizen und ein Muffinblech mit 12 Mulden mit Papierförmchen auslegen.

Jeweils 2 halbierte Limettenscheiben flach in die Papierförmchen legen.

Für den Kuchenteig Butter, Zucker, Ei, Vanilleextrakt, Mehl und Backpulver in einer Schüssel glatt rühren, bis der Teig glatt und klumpenfrei ist.

Mit einem Teelöffel jeweils eine kleine Menge in die Papierförmchen geben. Der Teig ist recht dickflüssig und muss mit dem Löffel gleichmäßig in den Förmchen verteilt werden.

Das Muffinblech mehrmals kräftig auf die Arbeitsfläche stoßen, um den Teig gleichmäßig zu verteilen. Im vorgeheizten Ofen 10 Minuten backen.

Anschließend das Blech aus dem Ofen nehmen und abkühlen lassen. Die Ofentemperatur auf 160 °C reduzieren.

Für die Limettencreme die Kondensmilch in eine Schüssel gießen. Ei, Abrieb und Saft der Limetten sowie die flüssige Sahne hinzufügen und mit dem Handrührgerät etwa 30 Sekunden aufschlagen, bis die Masse glatt und dicklich ist.

Jeweils einen Esslöffel davon möglichst gleichmäßig auf die gebackenen Cupcakes geben, einen Keks daraufsetzen und sanft andrücken.

Zurück in den Ofen schieben und 15 Minuten backen. Im Muffinblech vollständig abkühlen und abschließend mindestens 1 Stunde im Kühlschrank ruhen lassen.

Die Papierförmchen vorsichtig entfernen und die Cupcakes umdrehen, sodass sie zum Servieren auf dem Keksboden stehen. Ich reiche dazu gerne Schlagsahne – die ist optional, aber köstlich!

Polenta-Kuchen
mit Rhabarber und Rosmarin

FÜR 8–10 PORTIONEN **ZUBEREITUNG** 25 MINUTEN
BACKEN 35–40 MINUTEN

Für den Kuchen
200 g weiche Butter, plus etwas mehr für die Form
200 g Zucker
300 g gemahlene Mandeln
3 Bio-Eier (Größe L)
Abrieb und Saft von 1 Bio-Orange
Abrieb und Saft von 1 Bio-Zitrone
1 Zweig Rosmarin, die Nadeln sehr fein gehackt
150 g Polenta
1 TL Backpulver
1 große Stange Rhabarber (ca. 150 g), geschält und in 2,5 cm große Stücke geschnitten
100 g Zucker
50 g Puderzucker

Zum Servieren
griechischer Joghurt

Als ich klein war, bereitete meine Mutter Currygerichte mit Rhabarber zu und ich fand das sehr lecker. Für mich war er also lange eine Zutat für herzhafte Speisen. Als mir später beim Schulessen Rhabarber zum Dessert aufgetischt wurde, erkannte ich ihn nicht. Aber wenn man ein jungenhaftes Mädchen unter 10 Jahren ist und unbedingt mädchenhafter sein möchte, ist alles, was rosa ist, einen Versuch wert. Der Rhabarber war schlabberig und holzig zugleich, schmeckte sauer-herb und ich fand ihn einfach nur seltsam. Danach mochte ich jahrelang keinen Rhabarber. Ich preise das Rezept nicht wirklich an, oder? Naja, wenn man ihn richtig behandelt, ist Rhabarber unheimlich köstlich. Heutzutage finde ich ihn fantastisch! Ob süß oder pikant zubereitet, inzwischen gehört er zu meinen Lieblingszutaten. Früh geerntet, ist das Fruchtfleisch wunderbar pink. In diesem duftenden, süßen Kuchen mit knuspriger Zuckerkruste sieht das wunderschön aus.

Eine runde Springform (20 cm Ø) leicht fetten und mit Backpapier auslegen.

Den Ofen auf 180 °C vorheizen.

Butter und Zucker in einer Schüssel mit dem Handrührgerät hell und schaumig aufschlagen. Die gemahlenen Mandeln sorgfältig untermischen, bis keine trockenen Stellen mehr in der Masse sind.

Die Eier nacheinander sorgfältig unterrühren, anschließend den Orangen- und Zitronenabrieb sowie die gehackten Rosmarinnadeln.

In einer separaten Schüssel Polenta und Backpulver sorgfältig mischen und dann unter die feuchten Zutaten heben, sodass ein glänzender Teig entsteht.

Den Teig in die vorbereitete Form füllen und glatt streichen. Die Rhabarberstücke in möglichst gleichmäßigen Abständen aufrecht bis auf den Boden der Form in die Masse stecken. Beim Backen wird der Teig diese Stäbchen umschließen. Im vorgeheizten Ofen 35–40 Minuten backen.

Inzwischen in einem kleinen Topf den Zucker und den Saft von Orange und Zitrone verrühren. Auf hoher Stufe zum Kochen bringen. Dann gleich die Temperatur reduzieren und den Sirup auf niedriger Stufe etwa 10 Minuten sanft auf die Hälfte einkochen.

Sobald der Kuchen aus dem Ofen kommt, den Sirup gleichmäßig auf der Oberfläche verstreichen. Etwa 5 Minuten abwarten und den Kuchen dann mit Puderzucker bestäuben, sodass sich dieser im Zuckersirup auflöst und eine köstliche, süße Schicht bildet.

Nach 20 Minuten könnt ihr den Kuchen aus der Form lösen und auf eine Servierplatte setzen.

Ich serviere dazu besonders gerne einfachen griechischen Joghurt, als Kontrast zu diesen duftend-süßen Aromen.

Anis-Madeleines
mit Grapefruit-Syllabub

ERGIBT 14–18 STÜCK (UND SYLLABUB FÜR 5 PORTIONEN)
ZUBEREITUNG 30 MINUTEN BACKEN 20 MINUTEN
(WENN IN 2 PORTIONEN GEBACKEN WIRD)
SCHMECKEN FRISCH AM BESTEN, SIND IN EINER
KEKSDOSE ABER AUCH BIS ZU 2 TAGE HALTBAR

Für die Madeleines
- 2 Bio-Eier
- 100 g feiner, hellbrauner Zucker
- 1 EL Melasse (alternativ Zuckerrübensirup), plus mehr zum Garnieren
- ¼ TL gemahlener Sternanis (ist gemahlen erhältlich, kann aber auch selbst gemahlen werden)
- 100 g Weizenmehl, gesiebt, plus mehr zum Bestäuben
- 1 ½ TL Backpulver
- 100 g zerlassene Butter, plus mehr für die Form
- 150 g Zartbitterschokolade, zerlassen und abgekühlt

Für den Syllabub
- 300 g flüssige Schlagsahne
- 50 g Zucker
- Abrieb und Saft von ½ Bio-Grapefruit

Madeleines gehörten zu meinen Lieblingssüßigkeiten, als ich klein war. Es gab sie beim asiatischen Supermarkt um die Ecke, für 89 Pennys die Tüte! Eine Tüte voller schön gewellter, goldener Küchlein. Ich musste mich zurückhalten, nicht die ganze Tüte auf einmal zu essen. Wenn man eins von sechs Kindern ist, muss man schnell sein! Madeleines sind ganz einfach zuzubereiten und meine Version ist süßer und dank der Melasse dunkler als traditionelle Madeleines. Außerdem dippe ich eine kleine Ecke in geschmolzene Schokolade und serviere dazu säuerlich-frischen Syllabub, eine traditionelle englische Cremespeise.

Als Erstes den Teig für die Madeleines zubereiten. Eier, Zucker und Melasse in einer Schüssel mit dem Handrührgerät etwa 5 Minuten hell und schaumig aufschlagen.

Gemahlenen Sternanis, Mehl, Backpulver und zerlassene Butter unterrühren, bis eine glatte Masse entstanden ist. Beiseitestellen und etwa 20 Minuten offen ruhen lassen.

Inzwischen den Syllabub zubereiten: Dafür Sahne und Zucker in einer Schüssel locker aufschlagen.

Den Abrieb und Saft von ½ Grapefruit hinzufügen und die Mischung steif schlagen. In eine Servierschüssel füllen, mit Frischhaltefolie abdecken und bis zum Servieren in den Kühlschrank stellen.

Den Ofen auf 200 °C vorheizen.

→

Eine Madeleine-Form mit 12 Mulden mit Butter einfetten, leicht mit Mehl bestäuben und überschüssiges Mehl abschütteln. Es ist wichtig, dass die kleinen Rillen alle bedeckt sind, damit sich die Küchlein später gut aus der Form lösen lassen

Falls ihr keine Madeleine-Backform habt, könnt ihr auch ein Mini-Tartelette-Blech oder einzelne Mini-Tartelette-Förmchen verwenden (gefettet und mit Mehl bestäubt, wie oben beschrieben).

Die Mulden bis ½ cm unter den Rand mit Teig füllen.

Im vorgeheizten Ofen 8–10 Minuten backen, bis sich auf der Mitte der Küchlein ein kleines Hügelchen gebildet hat und sie goldbraun sind.

Die Madeleines 10 Minuten im Blech ruhen lassen und dann auf ein Kuchengitter stürzen. Mit dem restlichen Teig eine weitere Portion backen. Wiederholen, bis der Teig vollständig aufgebraucht ist.

Die Madeleines vollständig abkühlen lassen – das geht schnell.

Ein Stück Backpapier auf der Arbeitsfläche ausbreiten, auf das alle Madeleines passen.

Die abgekühlten Madeleines nacheinander schräg in die geschmolzene Schokolade tauchen, sodass sie zu jeweils einem Drittel davon überzogen sind. Auf dem Backpapier ruhen lassen, bis die Schokolade fest geworden ist.

Den gekühlten Syllabub zum Servieren mit etwas Melasse beträufeln und zu den Madeleines reichen.

Kuchen, Küchlein & Blechkuchen

Überzogene Lamington-Torte

FÜR 10–12 PORTIONEN ZUBEREITUNG 45 MINUTEN, PLUS KÜHLZEIT BACKEN 70 MINUTEN
2 TAGE HALTBAR

Für den Biskuitboden

300 g Weizenmehl, gesiebt

300 g Zucker

1 EL Backpulver

1 TL Salz

120 ml Pflanzenöl

7 Bio-Eier, getrennt

2 TL Zitronenextrakt

½ TL Weinsteinpulver

300 g Himbeergelee

250 g Kokosraspel

Für die Buttercreme-Füllung

200 g weiche Butter

400 g Puderzucker, gesiebt

2 EL Vollmilch

1 TL Vanilleextrakt

200 g Marshmallows

Lamingtons, kleine mit Gelee und Kokosraspel überzogene Küchlein, sind eine Spezialität aus Australien. Bis heute habe ich noch kein Original, sondern immer nur Pseudo-Exemplare aus der Plastikverpackung gegessen. Diese waren nur oben mit Gelee und Kokosraspeln bedeckt, dabei muss ein richtiger Lamington vollständig überzogen werden. Ich war schockiert! Also habe ich die Sache selbst in die Hand genommen und meine eigene Version in Form einer Torte kreiert: Leichte Biskuitböden mit Marshmallow-Buttercreme-Füllung, bedeckt mit Gelee und überzogen mit Kokosflocken. Bitteschön: Ein Lamington, aber nicht in winzig-kleinen Quadraten, sondern in Tortenform. So, wie ich es mag. Und vor allem: überzogen. Komplett überzogen!

Eine etwa 10 cm hohe Springform (25 cm Ø) spülen und sorgfältig abtrocknen. Es ist wichtig, jeden letzten Spurenrest Fett zu entfernen, damit der Biskuitboden sich beim Aufgehen an der Form hochziehen kann und nicht abrutscht. Das mag eurer Intuition widersprechen, ist hier aber ein Muss.

Den Ofen auf 170 °C vorheizen.

Mehl, Zucker, Backpulver und Salz in einer Schüssel sorgfältig vermischen.

Eine Mulde in der Mitte formen und Öl, Eigelb, 180 ml Wasser und das Zitronenextrakt hineinfüllen. Beiseitestellen.

In einer separaten Schüssel das Eiweiß und das Weinsteinpulver mit dem Handrührgerät steif schlagen.

Anschließend damit die Mehl-Eigelb-Mischung glatt rühren.

Ein Drittel des Eischnees unter die Masse ziehen, um sie aufzulockern. Damit dabei nicht alle Luftbläschen zerstört werden, einen großen Metalllöffel verwenden.

Jetzt den restlichen Eischnee unter die Masse ziehen, bis eine gleichmäßige, luftige Masse entstanden ist.

Die Masse in die Springform füllen und im vorgeheizten Ofen 55 Minuten goldbraun backen.

Inzwischen die Buttercreme zubereiten: In einer Schüssel Butter, Puderzucker, Milch und Vanilleextrakt glatt rühren.

→

Kuchen, Küchlein & Blechkuchen

Die Marshmallows in eine mikrowellenfeste Schüssel geben und etwa 30 Sekunden in der Mikrowelle erhitzen. Abhängig vom Gerät kann das auch länger dauern, daher am besten in 5-Sekunden-Intervallen arbeiten und die Marshmallows aus dem Gerät nehmen, sobald sie etwas aufgegangen sind, und sorgfältig unter die Buttercreme rühren.

Die Buttercreme in einen Spritzbeutel füllen und beiseitelegen.

Den fertig gebackenen Biskuitboden aus dem Ofen nehmen und in der Form kopfüber auf einem Kuchengitter etwas abkühlen lassen. Die Springform lösen, sobald sie soweit abgekühlt ist, dass man sie anfassen kann, und den Biskuitboden vollständig abkühlen lassen.

Inzwischen das Himbeergelee erwärmen (in einem Topf auf dem Herd oder in der Mikrowelle), bis es schön flüssig ist.

Die Kokosflocken auf einem Backblech ausbreiten und im heißen Ofen bei 180 °C unter gelegentlichem Rühren 12–15 Minuten hellbraun rösten. Beiseitestellen und abkühlen lassen.

Den abgekühlten Biskuitboden an der Seite rundherum großzügig mit Gelee bestreichen, dann vorsichtig anheben (eine Hand auf der Oberfläche, die andere unter dem Boden) und durch die Kokosflocken rollen, sodass er rundherum mit Kokosflocken überzogen ist. Der Biskuitboden ist nicht so empfindlich, wie ihr vielleicht denkt, also keine Sorge. Die Kokosflocken in das Gelee drücken, damit sie gut haften.

Jetzt die Oberfläche mit Gelee bestreichen und mit Kokosflocken bestreuen. Ein Backblech darauflegen, eine Hand unter den Biskuitboden schieben und das Ganze einfach wenden.

Kleine Vorwarnung: Ihr werdet Handfeger und Kehrschaufel herausholen müssen, denn es ist unmöglich, hier sauber zu arbeiten!

Jetzt muss nur noch die Oberfläche mit Gelee und Kokosflocken überzogen werden, dann kann der Kuchen auf eine Servierplatte gesetzt werden.

Dann etwa 30 Minuten ruhen lassen, damit das Gelee trocknet und die Kokosflocken fest daran haften.

Den überzogenen Biskuitboden nun mit einem langen Brotmesser quer in zwei Hälften schneiden. Die obere Hälfte auf einem Blech beiseitelegen.

Die Marshmallow-Buttercreme auf die untere Biskuithälfte spritzen, die obere Hälfte wieder daraufsetzen – jetzt ihr könnt reinhauen!

Saftiger Rosenkuchen

FÜR 8 PORTIONEN   ZUBEREITUNG 30 MINUTEN, PLUS KÜHLZEIT   BACKEN 35 MINUTEN
IN EINEM LUFTDICHT VERSCHLOSSENEN BEHÄLTER 3–4 TAGE HALTBAR

Für den Kuchen

200 g weiche Butter, plus mehr für die Form
200 g Zucker
4 Bio-Eier, leicht verquirlt
200 g Weizenmehl, gesiebt
40 g Pistazienkerne, zu feinem Pulver zerstoßen

Für den Sirup

200 g Golden Syrup (alternativ Zuckerrübensirup)
3 Kardamomkapseln, die Samen herausgelöst und zerstoßen
2 EL Rosenblütensirup oder 1 TL Rosenblütenextrakt (aus dem Bio- oder Feinkostladen)
1 gehäufter EL getrocknete Rosenblüten
Vanille-Eiscreme zum Servieren (optional)

Dieser Kuchen ist meine Interpretation der traditionellen indischen Süßspeise Gulab jamun, dunkel frittierten und in Sirup getränkten Teigbällchen. Der Kuchen wird absichtlich etwas zu lange gebacken (ohne anzubrennen!), damit die Oberfläche schön goldbraun wird. Das bildet einen köstlichen Kontrast zum zarten, hellen Inneren. In der Kuchenmitte ist eine Schicht aus Pistazienkernen versteckt. Abschließend wird der Kuchen mit einem süßen Kardamom-Rosenblüten-Sirup getränkt.

Den Ofen auf 200 °C vorheizen und eine Tarteform (25 cm Ø) einfetten.

Den Kuchenteig zubereiten: Butter und Zucker in einer großen Schüssel mit dem Handrührgerät hell und schaumig schlagen – die Masse soll fast weiß sein. Nach und nach die verquirlten Eier untermischen.

Das Mehl hinzufügen (ohne Backtriebmittel, der Kuchen soll eine schön dichte Textur haben und nicht zu viel aufgehen) und umrühren, bis eine glatte Masse entstanden ist.

Die Hälfte des Teigs in die vorbereitete Tarteform füllen und glatt streichen.

Die zerstoßenen Pistazienkerne darauf verteilen, dabei rundherum einen 2,5 cm breiten Rand frei lassen. Die Pistazien mit dem Löffelrücken leicht andrücken. Den restlichen Teig mit einem Löffel darübergeben und glatt streichen. Darauf achten, dass die Pistazien vollständig bedeckt sind.

Im vorgeheizten Ofen 35 Minuten backen. Der Kuchen soll sehr stark bräunen, besonders am Rand.

Inzwischen Golden Syrup, 100 ml Wasser, zerstoßene Kardamomsamen und Rosenblütensirup in einem Topf vermischen und auf hoher Stufe zum Kochen bringen. Vom Herd nehmen, die Rosenblütenblätter hinzufügen und den Topf beiseitestellen.

Den fertig gebackenen Kuchen aus dem Ofen nehmen und in 8 gleich große Stücke schneiden, solange er noch heiß ist. Den Sirup darübergießen – vor allem über die Schnittstellen, damit er vom Kuchen aufgesogen wird. Etwa 30 Minuten abkühlen lassen.

Ich esse diesen Kuchen besonders gerne warm, mit einer großen Kugel Vanilleeis. Probiert es mal aus!

Butterkaramellige Müsliriegel

Butter für die Form
150 g Haferflocken
1 TL gemahlener Zimt
50 g Korinthen
120 g weiche Butter
450 g feiner Rohrohrzucker
150 ml Vollmilch
400 g Kondensmilch (aus der Dose)
1 Prise Salz

ERGIBT 36 STÜCK **ZUBEREITUNG** 30 MINUTEN, PLUS KÜHLZEIT **BACKEN** 15 MINUTEN
LUFTDICHT AUFBEWAHREN

Wie ihr am Titel erkennen könnt, fiel es mir nicht leicht, diese süßen Happen genauer zu definieren. Ich liebe Müsliriegel und habe ein damit zusammenhängendes Ritual: Immer, wenn ich das Auto auftanke, kaufe ich einen mit Joghurt überzogenen Müsliriegel. Trotz der Joghurtschicht ist er mir aber nie süß genug. Weiche Butterkaramellbonbons nasche ich auch sehr gerne, die sind mir manchmal wiederum zu süß. Auf meiner Suche nach einem Kompromiss habe ich mich entschieden, beides zu kombinieren. Egal, wie man es nennt, das Ergebnis ist köstlich!

Die Haferflocken in einem Topf auf dem Herd auf mittlerer Stufe unter ständigem Rühren 5–10 Minuten goldbraun rösten.

Vom Herd nehmen, den gemahlenen Zimt und die Korinthen untermischen und beiseitestellen.

Eine quadratische Backform (20 cm Seitenlänge) leicht einfetten und mit Backpapier auslegen. In einem großen, antihaftbeschichteten Topf Butter, Zucker, Milch, Kondensmilch und eine Prise Salz auf mittlerer Stufe unter ständigem Rühren zum Kochen bringen.

Die Temperatur reduzieren, weiterrühren und die Mischung 10–15 Minuten sanft köcheln lassen, bis sie angedickt ist und langsamer blubbert. Es gibt mehrere Möglichkeiten, um herauszufinden, ob die sirupartige Masse fertig ist: Zum Beispiel kann man eine kleine Menge in Eiswasser tropfen lassen. Wenn sie im Wasser eine Kugel bildet, ist sie gar.

Ein traditionelles Zuckerthermometer, auf dem die Temperaturen und Zuckerkochgrade eingezeichnet sind, ist ebenfalls eine Option. Für dieses Rezept muss der Sirup bis zum Stadium »Weiche Kugel« gekocht werden. Besonders akkurat könnt ihr die richtige Temperatur mit einem digitalen Zuckerthermometer bestimmen – der Sirup muss eine Temperatur von 115–118 °C haben.

Den Sirup vom Herd nehmen, sobald der richtige Zuckerkochgrad erreicht ist, und die Haferflockenmischung sorgfältig untermischen. Weiterrühren, bis die Mischung abgekühlt und dicklich ist – das ist die anstrengende Phase der Zubereitung. Ihr wisst, dass die Mischung soweit ist, wenn euch die Arme schmerzen, weil sie so fest geworden ist. Beim Rühren sollte sie sich vom Topfrand lösen. Die fertige Masse gleichmäßig in der vorbereiteten Backform verteilen und mit dem Löffelrücken andrücken.

Vollständig abkühlen lassen und dann in 3 cm große Quadrate schneiden. Beim Abkühlen wird die Masse fester. In einem luftdicht verschlossenen Behälter sind diese butterkaramelligen Müsliriegel gut haltbar.

Zweites Kapitel

KUCHEN UND DESSERTS OHNE BACKEN

Bananeneis-Torte
mit Blaubeer-Kompott

FÜR 8–12 PORTIONEN   ZUBEREITUNG 30 MINUTEN, PLUS KÜHLZEIT   KOCHEN 15 MINUTEN

Für den Kuchenboden
160 g Haferflocken
160 g Haselnusskerne
60 g Kokosfett, zerlassen, plus mehr für die Form
185 g Golden Syrup (alternativ Zuckerrübensirup)
1 Prise Salz

Für die Füllung
7 Bananen (etwa 600 g Fruchtfleisch), geschält, gewürfelt und eingefroren
2 EL Golden Syrup (alternativ Zuckerrübensirup)
½ TL gemahlener Zimt
1 EL Kakaopulver

Für das Kompott
250 g Blaubeeren (frisch oder tiefgekühlt)
Abrieb und Saft von ½ Bio-Zitrone
100 g Zucker

Cheesecake ist für mich persönlich in jeder Form ein Star und diese einfache Eiscreme-Version ohne Sahne und Frischkäse ist zufällig auch noch vegan. Auf den süßen, haferflockig-nussigen Boden kommt eine Bananeneis-Schicht, die abschließend mit Blaubeerkompott bedeckt wird.

Eine runde Springform (20 cm Ø und 7,5 cm tief) leicht einfetten und mit Backpapier auslegen.

Für den Kuchenboden Haferflocken und Haselnüsse in einer großen Pfanne mit Antihaftbeschichtung unter ständigem Rühren etwa 5 Minuten goldbraun rösten. Die Mischung in der Küchenmaschine fein hacken.

Zerlassenes Kokosfett und Golden Syrup hinzufügen und zu einer dicklichen Masse verarbeiten.

Diese in die vorbereitete Form füllen, auf dem Boden verstreichen und den Rand 2,5 cm hochziehen. Mit dem Löffelrücken sorgfältig andrücken. In den Kühlschrank stellen.

Für die Füllung die gefrorenen Bananen mit Golden Syrup, Zimt und Kakaopulver mischen. Kurz abwarten, damit die Bananen leicht antauen können und sich besser verarbeiten lassen. Nach etwa 5 Minuten die Mischung glatt pürieren, bis sie die Konsistenz von Eiscreme hat.

Die Bananenmasse zügig auf dem Kuchenboden verstreichen. Bis zum Servieren einfrieren.

Das Kompott kurz vor dem Servieren zubereiten: Blaubeeren, Abrieb und Saft der Zitrone sowie den Zucker in einem Topf unter Rühren auf mittlerer Stufe köcheln lassen, bis die Beeren weich sind. Das sollte nur ein paar Minuten dauern. Ihr könnt das Kompott auch im Voraus zubereiten, im Kühlschrank aufbewahren und zum Servieren noch einmal erwärmen.

Den Kuchen aus dem Gefrierschrank nehmen, aus der Form lösen und auf eine Servierplatte setzen. Das warme Kompott mit einem Löffel auf der Oberfläche verteilen und ein paar Minuten abwarten. Dann könnt ihr den Kuchen in Stücke schneiden und genießen.

Blaubeer-Shinni-Kuchen

FÜR 20 PORTIONEN **ZUBEREITUNG** 25 MINUTEN, PLUS KÜHLZEIT **KOCHEN** 10 MINUTEN

neutrales Öl für die Form
50 g gefriergetrocknete Blaubeeren
500 g Weizenmehl
1 TL gemahlener Zimt
1 TL gemahlener grüner Kardamom (küchenfertig oder selbst gemahlen)
½ TL Salz
250 g Butter, gewürfelt
250 g Zucker
75 g weiße Schokolade, geschmolzen

Shinni ist ein auf gewürztem Mehl basierendes bengalisches Dessert, das zu Feierlichkeiten und in harten Zeiten serviert wird. Niemand macht es »einfach so« und ich glaube, aus diesem Grund mache ich es gerne »einfach so« – aus keinem besonderen Anlass, sondern einfach, weil ich Lust auf etwas Köstliches habe. Shinni wird häufig warm serviert, in einer großen Schüssel, sodass Groß und Klein sich mit den Fingern etwas abzwicken können. Mir schmeckt Shinni hingegen gekühlt sehr gut, also habe ich mir eine Möglichkeit überlegt, es genauso zu servieren: Ich kühle die Masse in einer Ringform, in der ich als Überraschung ein paar getrocknete Blaubeeren versteckt habe, die – nach dem Stürzen – die Oberfläche garnieren. Zum Servieren beträufele ich das Ganze mit geschmolzener weißer Schokolade.

Eine Ringform (oder eine Rohrboden-Springform) (25 cm Ø) großzügig einfetten. Alternativ kann auch eine Silikon-Ringform verwendet werden. Die Blaubeeren auf dem Boden verteilen.

Das Mehl in einem Wok oder einer großen Pfanne mit Antihaftbeschichtung ohne Fett 10 Minuten auf mittlerer Stufe goldbraun rösten. Es ist gar nicht so einfach, die Veränderung zu sehen. Vergleicht das geröstete Mehl einfach mit nicht geröstetem Mehl. Vom Herd nehmen und Zimt, Kardamom sowie Salz untermischen.

Die Butter zerlassen, den Wok mit dem Mehl zurück auf den Herd stellen, die Butter untermischen und rühren, bis sich alle Butterklumpen aufgelöst haben.

500 ml Wasser zum Kochen bringen und den Zucker darin auflösen. Eine Mulde in die Mehlmischung formen und das heiße Zuckerwasser hineingießen. Mit dem Schneebesen umrühren, bis ein glatter Teig entstanden ist, der sich nicht mehr rühren lässt.

Diesen mit zwei Löffeln in die Ringform füllen, dabei darauf achten, dass die Blaubeeren nicht wegrutschen.

Den Teig rundherum gleichmäßig andrücken und etwas abkühlen lassen. Dann mindestens 1 Stunde im Kühlschrank ruhen lassen.

Den abgekühlten Kuchen aus der Form auf eine Servierplatte stürzen, mit geschmolzener weißer Schokolade beträufeln und zum Servieren in Scheiben schneiden.

Tropische Schichtspeise

FÜR BIS ZU 9 PORTIONEN
ZUBEREITUNG 20 MINUTEN

- 400 g rechteckige Schokoladen-Doppelkekse
- 250 ml Vollmilch
- 700 g tropische Früchte (aus der Dose), abgetropft
- Abrieb von 1 Bio-Limette
- 1 kleine Handvoll frische Minzeblätter, grob zerkleinert
- 600 g flüssige Schlagsahne
- 2 TL Mandelextrakt (alternativ 2–3 Tropfen Bittermandelöl)
- 5 EL Puderzucker
- 20 g geröstete gehobelte Mandeln

Diese Schichtspeise ist super einfach – gebacken werden braucht hier nichts, man muss lediglich ein paar Zutaten kaufen und mischen. Kekse werden in Milch eingeweicht und mit Mandelcreme überzogen. Darauf kommt eine Schicht tropische Früchte aus der Dose, abgeschmeckt mit frischem Limettenabrieb und Minze. Garniert wird das Ganze mit noch mehr Keksen und gerösteten Mandelblättchen.

Eine 20 x 30 cm große Auflaufform bereitstellen. Ich nehme immer eine Glasform, weil ich die einzelnen Lagen gerne sehe, aber ich bin eben auch besonders neugierig. Verwendet einfach, was ihr dahabt.

Den Boden der Form mit Keksen auslegen. Eventuell müsst ihr ein paar Kekse in Stücke brechen, um die Lücken zu füllen. Übrige Kekse und Krümel zum Garnieren beiseitelegen.

Die Milch vorsichtig und möglichst gleichmäßig über die Kekse gießen, um sie einzuweichen.

Die abgetropften tropischen Früchte in eine Schüssel füllen. Limettenabrieb und grob zerkleinerte Minzeblätter untermischen.

Sahne, Mandelextrakt und Puderzucker in einer Schüssel mischen und steif schlagen. Gleichmäßig auf der Keksschicht verstreichen und die Früchte darüberstreuen.

Die restlichen Kekse in einen kleinen Gefrierbeutel füllen und darin zu unregelmäßigen Krümeln zerstoßen. Die Schichtspeise mit Keksbrümeln und gehobelten Mandeln garnieren.

Bis zum Servieren in den Kühlschrank stellen.

Erdbeer-Estragon-Charlotte mit Passionsfrucht

FÜR 8–10 PORTIONEN   ZUBEREITUNG 35 MINUTEN, PLUS KÜHLZEIT **KOCHEN** 15 MINUTEN

Butter für die Form
300 g Rührkuchen (gekauft oder selbst gebacken)
150 g weiße Schokolade, geschmolzen
8 Maracujas zum Servieren

Für die Bayerische Creme
400 g flüssige Schlagsahne
100 g Zucker
6 Bio-Eigelb
6 Blatt Gelatine (10 g)
360 g frische oder TK-Erdbeeren
1 große Handvoll frischer Estragon

Ursprünglich wird für diese Charlotte Madeira-Kuchen verwendet, ein sehr saftiger englischer Rührkuchen. Da er in Deutschland nur schwer zu bekommen ist, kann man ihn auch durch einen anderen saftigen Rührkuchen ersetzen. Die Füllung besteht aus Bayerischer Creme, die mit Fruchtpüree verfeinert wird. Zum Schluss wird die Charlotte in Scheiben geschnitten und mit Passionsfrüchten serviert.

Eine Kastenform mit 900 ml Fassungsvermögen leicht einfetten und mit Frischhaltefolie auslegen, sodass der Boden und die Seiten bedeckt sind und ein bisschen Folie überhängt.

Den Kuchen in Stücke brechen und in einer Schüssel fein zerbröseln. Die geschmolzene Schokolade hinzufügen und die Zutaten mit den Händen zu einer festen Masse vermengen. Auf dem Boden und an den Seiten der Form verteilen und mit den Händen oder einem Löffelrücken gleichmäßig andrücken, dabei oben einen 2 cm breiten Rand lassen. In den Kühlschrank stellen und inzwischen die Bayerische Creme zubereiten.

Dafür die Sahne in einem Topf zum Kochen bringen und dann sofort vom Herd nehmen.

In einer separaten Schüssel Zucker und Eigelb hell und schaumig aufschlagen. Die heiße Sahne unter ständigem Rühren langsam hineingießen. Dann zurück in den Topf füllen und unter ständigem Rühren mit dem Silikonteigschaber auf mittlerer Stufe etwa 5 Minuten auf 80 °C erhitzen. Durch ein feines Sieb in eine separate Schüssel streichen, um Klümpchen zu entfernen.

Die Gelatineblätter in einer Schüssel mit eiskaltem Wasser 10–15 Minuten einweichen. Überschüssiges Wasser ausdrücken und die Gelatine in der Sahnemischung auflösen.

Erdbeeren putzen und mit den Estragonblättern pürieren. Das Püree durch ein feines Sieb streichen und unter die Bayerische Creme rühren.

Die Creme in die mit Kuchenkrümeln ausgekleidete Kastenform gießen und mindestens 4 Stunden oder über Nacht im Kühlschrank ruhen lassen, bis sie vollständig geliert ist. Zum Servieren den Kuchen aus der Form stürzen und in Scheiben schneiden. Fruchtfleisch und Kerne der Passionsfrüchte aus den Schalen lösen und auf den Kuchenscheiben servieren.

Knusprige Rocky Roads

ERGIBT 12 STÜCK   ZUBEREITUNG 30 MINUTEN, PLUS KÜHLZEIT   KOCHEN 2 MINUTEN

Butter für die Form
8 Schokoladen-Karamellriegel à etwa 50 g, am besten mit Keksfüllung
150 g dunkle Schokolade, gehackt oder Chips
50 g Butter
40 g Golden Syrup (alternativ Zuckerrübensirup)
70 g Grissini, grob zerbröselt
150 g Pistazienkerne, grob gehackt
1 kräftige Prise Meersalzflocken

Für die weiße Schicht

150 g weiße Schokolade, gehackt
50 g Butter
40 g Golden Syrup (alternativ Zuckerrübensirup)
70 g gefriergetrocknete Kirschen und Beeren
70 g getrocknete Aprikosen, gehackt

Wenn es um Rocky Roads, die beliebten englischen Schokoriegel, geht, gibt es nur wenige Regeln: Sie müssen angenehm zäh, knusprig und klebrig zugleich sein und selbstverständlich viel Schokolade enthalten. Dieses Rezept bietet all das – und dann auch noch in mehreren Schichten! Zuerst eine klebrige Schicht aus Schokoladen-Karamell-Riegeln und geschmolzener Schokolade, in der ein paar zerbröckelte Grissini für Biss sorgen. Dann eine Lage leuchtender, salziger Pistazien und abschließend eine Schicht süßer weißer Schokolade mit gehackten Aprikosen und Beeren. Alles in quadratische Stücke geschnitten und bereit zum Servieren.

Eine 18 x 25 cm große, rechteckige Kuchenform oder eine quadratische Kuchenform mit 20 cm Seitenlänge mit Backpapier auslegen und leicht einfetten.

Den Boden der Form mit den Schokoladen-Karamellriegeln auslegen. Ein paar kleinere Lücken sind ok, denn die Masse der nächsten Schicht wird hineinlaufen und alles zusammenhalten.

Dunkle Schokolade, Butter und Golden Syrup in eine mikrowellengeeignete Schüssel füllen und in der Mikrowelle 1 Minuten schmelzen. Glatt rühren und dann 10 Minuten ruhen lassen. Die zerbröselten Grissini sorgfältig untermischen. Diese Masse gleichmäßig auf den Riegeln in der Form verteilen.

Die gehackten Pistazienkerne gleichmäßig darüberstreuen und mit dem Löffelrücken in die Schokoladenmasse drücken. Mit Meersalzflocken bestreuen und das Ganze 30 Minuten kalt stellen.

Weiße Schokolade, Butter und Golden Syrup in eine mikrowellenfeste Schüssel füllen und in der Mikrowelle 1 Minuten schmelzen. Glatt rühren und falls sich die Zutaten trennen, teelöffelweise heißes Wasser unterrühren, bis wieder eine glatte, glänzende Masse entstanden ist.

Die Kirschen, Beeren und getrockneten Aprikosen untermischen.

Die Kuchenform aus dem Kühlschrank nehmen, die weiße Schokoladenmischung hineingeben und gleichmäßig verstreichen. Zurück in den Kühlschrank stellen und ein paar Stunden ruhen lassen, bis die Zutaten fest sind.

Aus der Form stürzen, in quadratische Stücke schneiden und bis zum Servieren im Kühlschrank aufbewahren.

Selbstgemachte Überraschungseier

240 g Schokoladeneier mit Cremefüllung
90 g Haferkekse

Für die Umhüllung

300 g Rührkuchen (gekauft oder selbst gebacken)
Abrieb von 1 Bio-Zitrone
3 EL weiche Butter
2 EL Puderzucker, gesiebt
1 TL Vollmilch

> **FÜR 12 PORTIONEN ZUBEREITUNG** 20 MINUTEN, PLUS KÜHLZEIT

In England sind »Creme Eggs« – Schokoladeneier mit süßer Cremefüllung, die den Eidotter imitiert – sehr beliebt. Leider sind sie in Deutschland nur schwer zu bekommen, aber dieses Rezept funktioniert auch wunderbar mit anderen gefüllten Schokoeiern! Am besten legt man sich um Ostern einen Vorrat zu. Denn die Hülle aus saftigem Rührkuchen (siehe auch meine Erklärung zum Madeira-Kuchen auf Seite 55) und knusprigen Krümeln machen sie zu einer wahren Köstlichkeit!

Die Schokoladeneier aus der Verpackung nehmen und auf einem Teller in den Kühlschrank stellen.

Die Kekse in einem verschlossenen Gefrierbeutel mit der Teigrolle fein zerstoßen. (Alternativ könnt ihr sie auch in der Küchenmaschine hacken.) Die feinen Krümel auf einen tiefen Teller geben.

In einer Schüssel den Rührkuchen fein zerkrümeln (mit den Fingern oder in der Küchenmaschine) und den Zitronenabrieb untermischen.

Butter, Puderzucker und Milch hell und schaumig aufschlagen. Die Kuchenkrümel von Hand portionsweise unterkneten, bis eine gut formbare Masse entsteht.

Diese in sechs gleichmäßige Portionen teilen und die Schokoeier aus dem Kühlschrank nehmen. Eine Portion Kuchenmasse zwischen den Handflächen flach drücken. Ein Ei mittig darauflegen und rundherum mit der Masse umschließen. Ebenso mit den anderen Eiern verfahren.

Die umhüllten Eier nacheinander in den Kekskrümeln wälzen, bis sie rundherum damit bedeckt sind.

Bis zum Servieren in den Kühlschrank stellen. Wenn die Eier gekühlt sind, lassen sie sich besser in zwei Hälften schneiden. Und eine Hälfte hat es ganz schön in sich!

Schoko-Puffreis-Happen

120 g Butter, plus mehr für die Form
6 Nugat-Karamell-Schokoriegel (à 40 g), davon 4 gehackt und 2 in dünne Scheiben geschnitten
70 g Golden Syrup (alternativ Zuckerrübensirup)
¼ TL Salz
300 g Puffreis
250 g Milchschokolade, geschmolzen

ERGIBT 16 STÜCK **ZUBEREITUNG** 15 MINUTEN, PLUS RUHEZEIT **KOCHEN** 10 MINUTEN

In der Schule haben wir früher Schoko-Reis-Küchlein gemacht (und in der Regel verschlungen, bevor wir sie in die vorgesehenen Papierförmchen gesetzt hatten). Diese Version ist köstlich und angenehm weich, weil wir Schokoriegel mit Nugat-Karamell-Füllung verwenden. Manchmal braucht man eben etwas Einfaches mit nostalgischem Wert.

Eine quadratische Backform mit 20 cm Seitenlänge mit Backpapier auslegen, sodass es am Rand leicht übersteht, und leicht einfetten.

In einer großen, hitzebeständigen Schüssel die Butter, die gehackten Schokoriegel, den Golden Syrup und das Salz mischen.

In einem Topf etwas Wasser zum Kochen bringen und die Schüssel so in den Topf hängen, dass ihr Boden nicht im Wasser steht. Die Temperatur reduzieren.

Die Zutaten unter häufigem Rühren schmelzen lassen, glatt rühren und dann vom Herd nehmen.

Den Puffreis in eine große Schüssel füllen und die Schokoladenmasse darübergießen. Sorgfältig vermischen.

Die Masse in die vorbereitete Backform füllen und mit einem gefetteten Löffelrücken glatt streichen.

Die geschmolzene Schokolade gleichmäßig auf der Oberfläche verteilen. Mit den Schokoriegel-Scheiben garnieren und im Kühlschrank fest werden lassen.

In quadratische Stücke schneiden und genießen. Willkommen zurück in der Kindheit!

Schottisches Cranachan
mit Mango und schwarzem Pfeffer

- 90 g Butter
- 100 g Cornflakes
- 1 TL schwarzer Pfeffer aus der Mühle
- 1 kleine Mango, geschält, entsteint und gewürfelt
- 450 g Mango-Püree
- 600 g flüssige Schlagsahne
- 3 EL Zucker
- 1 EL Puderzucker

ERGIBT 6 PORTIONEN **ZUBEREITUNG** 20 MINUTEN
KOCHEN 5 MINUTEN

Ich liebe simple, cremige Desserts wie dieses, die einfach gemacht sind, sich leicht variieren lassen und im Voraus zubereitet werden können. Hier also meine eher unorthodoxe Version eines klassischen schottischen Rezeptes, das traditionell Sahne, Himbeeren und Haferflocken enthält. In meiner Interpretation werden Mango, buttrige Cornflakes und ein Hauch schwarzer Pfeffer unter die luftig aufgeschlagene Sahne gemischt.

Fangt mit den Cornflakes an: Die Butter in einem großen Topf mit Antihaftbeschichtung zerlassen. Die Cornflakes unter die heiße, zerlassene Butter mischen.

Die Cornflakes etwa 5 Minuten rösten, bis sie goldbraun sind und die Butter komplett aufgesaugt haben. Sie sollen sehr knusprig sein und beim Essen eine Menge Krach machen, müssen beim Rösten also ständig gerührt werden.

Die gerösteten Cornflakes auf einem Backblech verteilen, den schwarzen Pfeffer darüberstreuen und mit einem Löffel vorsichtig unterheben. Abkühlen lassen.

In einer Schüssel die Mangostückchen unter das Mango-Püree mischen. Beiseitestellen.

Sechs Servierschälchen bereitstellen und jeweils einen Löffel Mango-Mischung hineingeben.

Sahne und Zucker in einer Schüssel locker aufschlagen und ein Drittel der Cornflakes unterheben. Bis auf einen kleinen Rest die übrige Mango-Mischung hinzufügen und unter die Crème ziehen, sodass ein Marmor-Effekt entsteht. Diese Mischung auf die Servierschüsseln verteilen.

Jeweils einen Kleks der übrigen Mango-Mischung auf jede Portion setzen. Wenn das Dessert sofort serviert werden soll, die Cornflakes darüberstreuen. Wenn ihr später essen möchtet, stellt die Schälchen kalt und hebt die Cornflakes in einem luftdicht verschlossenen Behälter bei Raumtemperatur auf, bis ihr soweit seid.

Zum Servieren die knusprige Cornflakes-Schicht mit Puderzucker bestäuben.

Kuchen und Desserts ohne backen

Kuchen und Desserts ohne backen

»Teeramisu« mit Sommerbeeren

FÜR 12 PORTIONEN **ZUBEREITUNG** 40 MINUTEN

200 g weiße Schokolade, grob gehackt
6 Beutel Schwarztee (Sorte English Breakfast oder ein anderer Schwarztee)
3 EL Zucker
Abrieb und Saft von 1 Bio-Zitrone
200 g Löffelbiskuit
350 g TK-Sommerbeeren, aufgetaut und abgetropft
50 g weiße Schokolade, geraspelt

Für die Mascarpone-Schicht
4 Bio-Eier
1 Prise Salz
100 g Zucker
1 TL Vanilleextrakt
750 g Mascarpone

Dieses Tiramisu wird, wie der Rezepttitel verrät, mit Tee statt Kaffee zubereitet, denn Tee ist nun mal mein Lieblings-Heißgetränk. (Der Geschmack von Kaffee erinnert mich immer an Flugzeugtreibstoff!) Also weiche ich die Löffelbiskuits in English Breakfast Tea und Zitrone ein. Um das Ganze noch etwas mehr aufzupeppen, enthält mein Tiramisu noch Sommerbeeren.

Das ist eines dieser Rezepte, für das man zunächst die einzelnen Komponenten zubereitet, um sie dann in einem Schwung schichten zu können. Also machen wir es genauso:

Die Schokolade in eine Schüssel geben, 100 ml heißes Wasser darübergießen und umrühren, bis eine glatte Masse entstanden ist. Beiseitestellen und abkühlen lassen. Das ist schon mal erledigt.

Inzwischen den Tee zubereiten: Teebeutel und Zucker in eine Teekanne geben, 400 ml kochendes Wasser darübergießen und 5 Minuten ziehen lassen. Die Teebeutel gut ausdrücken und dann entfernen. Abrieb und Saft der Zitrone in den Tee rühren und diesen beiseitestellen.

Jetzt die Mascarpone-Creme zubereiten. Ich mache das gerne per Hand mit dem Schneebesen, weil mir das mehr Kontrolle gibt, sodass ich den Mascarpone nicht zu stark aufschlage. Die Eier trennen und das Eiweiß mit einer Prise Salz zu steifem Schnee schlagen.

Derselbe Schneebesen kann nun verwendet werden, um in einer separaten Schüssel das Eigelb mit Zucker und Vanilleextrakt zu einer hellen, schaumigen Masse aufzuschlagen.

Den Mascarpone kurz in einer kleinen Schüssel locker aufschlagen, damit er sich besser unterrühren lässt. Dann mit dem Schneebesen unter die Eigelb-Masse rühren. Anschließend vorsichtig den Eischnee unterziehen. Jetzt habt ihr alle Komponenten vorbereitet und könnt mit dem Schichten beginnen.

Eine Auflaufform bereitstellen (etwa 35 x 20 cm groß, mit 2,7 Liter Fassungsvermögen).

Etwa die Hälfte der Löffelbiskuits nacheinander kurz in den Tee tunken und dann nebeneinander in die Auflaufform legen, bis der Boden vollständig bedeckt sind.

Die Hälfte der abgekühlten geschmolzenen Schokolade über die Löffelbiskuits gießen und glatt streichen. Die Hälfte der abgetropften Beeren und anschließend die Hälfte der Mascarpone-Masse gleichmäßig darüber verteilen.

Eine weitere Schicht in Tee getunkte Löffelbiskuits auf der Mascarpone-Masse verteilen. Die restliche Schokolade gleichmäßig darauf verstreichen. Darauf kommen die übrigen Beeren, die wiederum mit dem restlichen Mascarpone bedeckt werden.

Mit der geraspelten Schokolade garnieren und über Nacht im Kühlschrank ziehen lassen. Es ist wichtig, dass das Tiramisu richtig durchzieht – daher ist es das perfekte Dessert zum Vorbereiten.

Vegane Schoko-Mousse mit Orangenfilets

FÜR 6 PORTIONEN **ZUBEREITUNG** 40 MINUTEN, PLUS ZEIT ZUM EINWEICHEN UND ABKÜHLEN

Für die Mousse
- 150 ml Kichererbsen-Wasser (Aquafaba), abgetropft aus einer 400 g-Dose
- 100 g Zucker
- 100 g dunkle Schokolade, geschmolzen und abgekühlt
- 1 TL Vanilleextrakt
- Abrieb von 2 Bio-Orangen

Für die Creme
- 150 g Cashewkerne
- 1 TL Vanillepaste
- 1 TL Zucker
- 175–200 ml Nussmilch

Für den Belag
- 3 Bio-Orangen (die 2 von der Mousse und 1 weitere)
- 2 große Zweige frischer Thymian

Ich lebe nicht vegan, versuche aber, meinen Konsum von Fleisch und Milchprodukten einzuschränken. Also experimentiere ich gerne mit veganen Versionen aller möglichen Rezepte. Dabei habe ich ein paar wunderbare Alternativen entdeckt, darunter diese Mousse, die mit Aquafaba (Kichererbsen-Wasser) zubereitet wird. Ein gutes veganes Rezept sollte einen die Zutaten vergessen lassen, die nicht darin enthalten sind, weil man das, was man vor sich hat, so sehr genießt. Schokolade, Orange und ein Hauch Thymian – was wäre daran nicht zu lieben?

Die Cashewkerne in einer Schüssel mit kochendem Wasser bedecken und 1 Stunde einweichen.

Die Mousse zubereiten: Das Kichererbsen-Wasser in eine saubere Schüssel gießen. Wir werden es als Grundlage für die Mousse verwenden. Ebenso wie bei Eiweiß gilt hier, dass an der Schüssel keinerlei Fettreste mehr haften dürfen, sonst lässt sich das Kichererbsen-Wasser nicht steif schlagen.

Das Kichererbsen-Wasser mit dem Handrührgerät oder in der Küchenmaschine etwa 8–10 Minuten schaumig aufschlagen. Den Zucker esslöffelweise hinzufügen und jeweils so lange rühren, bis er vollständig aufgelöst ist. Das dauert länger, als das Steifschlagen von Eiweiß. Einfach weiterrühren, bis ein steifer Aquafaba-Schnee entstanden ist.

Sobald ihr die umgedrehte Schüssel über euren Kopf halten könnt, ohne dass die steife Masse herausrutscht, die geschmolzene dunkle Schokolade unterheben, anschließend das Vanillemark und den Orangenabrieb und alles zu einer glatten Masse verrühren. Die Mousse auf sechs Dessertgläser verteilen und in den Kühlschrank stellen.

Die eingeweichten Cashewkerne abtropfen lassen und in den Standmixer geben. Vanillemark, Zucker und 175 ml Nussmilch hinzufügen und pürieren, bis eine glatte, dickflüssige Masse mit sahneartiger Konsistenz entstanden ist. Falls sie zu dick ist, noch etwas Nussmilch dazugeben. Die Creme auf den sechs Mousse-Portionen verteilen. Wieder in den Kühlschrank stellen und das Obst vorbereiten.

Am oberen und unteren Ende der Orangen jeweils eine Scheibe abschneiden und sie dann von oben nach unten schälen. Die einzelnen Filets aus den Häuten herausschneiden und würfeln. Die Thymianblättchen untermischen.

Die Mousse zum Servieren mit den gewürfelten Orangen garnieren.

Virgin-Mojito-Cremespeise

FÜR 6 PORTIONEN   ZUBEREITUNG 25 MINUTEN, PLUS KÜHLZEIT   KOCHEN 10 MINUTEN

Für die Äpfel
1 grüner Apfel, geschält, Kerngehäuse entfernt und gewürfelt

Saft von 1 Limette

1 kleine Handvoll frische Minzeblätter, fein gehackt

Für die Creme
600 g flüssige Schlagsahne

150 g Zucker

Abrieb und Saft von 5 saftigen Bio-Limetten

Für die Apfel-Knusperschicht
1 grüner Apfel, geraspelt, überschüssige Flüssigkeit ausgedrückt

1 EL Kokosfett, zerlassen

½ TL gemahlener Ingwer

1 TL Puderzucker

Ich trinke alles, was »virgin« ist. Alkoholfreie Mocktails sind bei Millenials sehr beliebt und obwohl ich mir nicht sicher bin, ob ich eine typische Millenial bin, fühlt es sich toll an, Teil einer Gruppe zu sein, die »in« ist. Virgin Mojitos, mit der Kombination aus frischem Apfel und Minze mit leichter Zitrusnote, finde ich fantastisch. Und wenn ich Lust auf etwas besonders Erfrischendes habe, verwende ich manchmal Ginger Ale statt Limonade – viel wilder werde ich nicht! In diesem Rezept habe ich all diese frischen Aromen zu einer Schichtspeise kombiniert.

Sechs Dessertgläser mit je etwa 200 ml Fassungsvermögen bereitstellen. Den Limettensaft unter die gewürfelten Äpfel mischen. Das unterstreicht nicht nur die säuerliche Frische der Äpfel, sondern verhindert auch, dass sie braun anlaufen. Die Minzeblätter unterheben und die Mischung auf die sechs Dessertförmchen verteilen.

Sahne und Zucker in einem Topf verrühren und leicht erhitzen, bis der Zucker aufgelöst ist. Die Temperatur erhöhen und unter gelegentlichem Rühren zum Kochen bringen. Sobald die Sahne kocht, die Temperatur reduzieren, 3 Minuten sieden lassen und dann vom Herd nehmen.

Abrieb und Saft der Limetten unterrühren. Die Mischung wird sofort stocken. Gut umrühren und vorsichtig über die Äpfel in den Dessertförmchen gießen. Leicht abkühlen lassen und dann mindestens 3 Stunden im Kühlschrank ruhen lassen, bis die Masse fest ist. Die Apfelstückchen werden an die Oberfläche steigen, aber man kann etwas Gutes eben nicht unterdrücken!

Inzwischen die Apfel-Knusperschicht zubereiten. Einen großen flachen Teller mit Backpapier auslegen. Den geraspelten Apfel und das zerlassene Kokosfett gut vermischen und auf dem Teller ausbreiten. In der Mikrowelle bei höchster Stufe 2 Minuten erhitzen. Den Vorgang in 20-Sekunden-Intervallen wiederholen, bis die Apfelraspel schön kross sind. Nach jedem Intervall umrühren, damit die Raspel gleichmäßig trocknen und um zu prüfen, ob sie schon knusprig sind. Den gemahlenen Ingwer und Puderzucker unter die knusprigen Apfelraspel mischen.

Die Apfel-Knuspermischung auf der Creme verteilen und diese gleich servieren.

Geschichteter Erdbeer-Reispudding

FÜR 6 PORTIONEN   ZUBEREITUNG 20 MINUTEN, PLUS EINWEICHZEIT   KOCHEN 25 MINUTEN

Für die Reisschicht

80 g Basmatireis

100 ml Vollmilch

1 Vanilleschote, das Mark ausgekratzt

50 g Zucker

600 g flüssige Schlagsahne

Für die Erdbeer-Coulis

450 g Erdbeeren, davon 225 g fein gewürfelt

6 Kardamomkapseln, die Samen herausgelöst

Abrieb von 3 Bio-Limetten

1½ EL Puderzucker

Vor ein paar Jahren waren wir mit unseren Kindern in Disneyworld in Florida. Dort saßen wir beim Essen, zwischen Märchenprinzessinnen, deren Stimmen wie die von Marilyn Monroe klangen und die Augen wie Bambi hatten. Und doch erinnere ich mich vor allem an das Dessert, das aus Reis, viel Schlagsahne und einer einfachen Beeren-Coulis bestand. Seitdem will ich zurück nach Disneyworld – nicht wegen der Prinzessinnen, sondern wegen des Nachtischs. Also musste ich probieren, das Dessert selbst zu machen. Mein Rezept ist wahrscheinlich vollkommen anders als das Original, aber es schmeckt göttlich. Zerstoßener Reis wird gegart, abgekühlt und mit Schlagsahne vermischt. Abschließend wird Erdbeer-Coulis, die ich stückig lasse und mit Limettenabrieb und Kardamom abschmecke, daruntergezogen. Lecker!

Den Reis in eine Schüssel oder einen Messbecher füllen. Die Milch und 200 ml kaltes Wasser hinzufügen und den Reis 10 Minuten einweichen. Da ich einen Pürierstab verwende, nehme ich immer gleich den hohen Becher, der dazu gehört – so spare ich am Abwasch. Wenn ihr die Küchenmaschine verwendet, weicht den Reis am besten auch in der zugehörigen Schüssel ein. Nach 10 Minuten den eingeweichten Reis mit dem Pürierstab oder in der Küchenmaschine grob hacken.

Die Mischung in einen kleinen Topf füllen. Das ausgekratzte Vanillemark und den Zucker unterrühren und das Ganze auf hoher Stufe unter ständigem Rühren zum Kochen bringen. Dann sofort auf niedrige Stufe reduzieren und den Reis 20–25 Minuten unter ständigem Rühren sanft köcheln lassen, bis er noch ein klein wenig Biss hat, ohne körnig zu sein. Den Topf vom Herd nehmen und den Reis in einer großen Schüssel ausbreiten, damit er schnell abkühlt.

Für die Coulis die ganzen Erdbeeren in eine separate Schüssel geben. Kardamom, Limettenabrieb und Puderzucker hinzufügen und mit dem Pürierstab zu einer glatten Sauce verarbeiten. Abschließend die gewürfelten Erdbeeren untermischen. Beiseitestellen.

Wenn der Reis abgekühlt ist, zum Auflockern 100 ml Sahne unterrühren. Die übrige Sahne in einer Schüssel locker aufschlagen – das geht schnell. Dann den Reis unter die Schlagsahne heben.

Zwei Drittel der Erdbeer-Coulis' löffelweise unter den Reis ziehen, sodass ein Marmor-Effekt entsteht. In eine große Servierschüssel oder vier individuelle Dessertschüsseln füllen und die restliche Coulis darüberträufeln.

Drittes Kapitel

TARTES
& PIES

Tartes & Pies

Karotten-Tarte

FÜR 8 PORTIONEN
ZUBEREITUNG 30 MINUTEN,
PLUS KÜHLZEIT
BACKEN 50 MINUTEN

Für den Boden

125 g Weizen- oder Vollkornkekse

25 g Haselnusskerne

50 g Butter, zerlassen, plus etwas mehr für die Form

1½ EL Golden Syrup (alternativ Zuckerrübensirup)

1 Prise Salz

Hülsenfrüchte zum Blindbacken

Für die Karottenfüllung

400 g Karotten, geraspelt (müssen nicht geschält werden)

1 EL Butter

60 g Zucker

1 Prise Salz

1 TL gemahlener Zimt

1 TL Koriandersamen, zerstoßen

2 Bio-Eier

30 g Butter

50 ml Vollmilch

Zum Servieren

Schlagsahne

1 Handvoll gehackte Haselnusskerne

Dies ist meine Interpretation von Pumpkin Pie, zubereitet mit Karotten, weil ich davon immer eine Menge im Kühlschrank habe. Diese Tarte ist leuchtend orange, ebenso wie das Original. Die mit zerstoßenen Koriandersamen und Zimt gewürzte Füllung wird in einem mürben Keks-Haselnuss-Boden gebacken. Wenn ihr mehr Lust auf eine Kürbis-Tarte habt, könnt ihr die Karotten einfach 1:1 durch Kürbis ersetzen (den Kürbis solltet ihr allerdings schälen).

Den Ofen auf 180 °C vorheizen und eine Tarteform (25 cm Ø) mit Hebeboden und gewelltem Rand einfetten.

Als Erstes den Keksboden zubereiten. Kekse und Haselnüsse in der Küchenmaschine zu feinen Krümeln verarbeiten. Zerlassene Butter, Golden Syrup und Salz hinzufügen und alles zu einer sandartigen Masse pürieren. In die Tarteform füllen.

Die Masse mit dem Löffelrücken gleichmäßig auf dem Boden und an den Seiten der Tarteform verteilen und festdrücken.

Ein Stück Backpapier, das groß genug ist, um die Tarteform damit auszulegen, zusammenknüllen (so passt es sich besser an den Boden und die Seiten an). Den Keksboden in der Form mit diesem Stück Backpapier abdecken und mit getrockneten Hülsenfrüchten beschweren.

Im vorgeheizten Ofen 20 Minuten blindbacken.

Inzwischen die Füllung zubereiten: Die geraspelten Karotten mit 1 EL Butter und 1 EL Wasser in eine Schüssel geben, mit Frischhaltefolie abdecken und in der Mikrowelle auf höchster Stufe 10 Minuten erhitzen. Aus dem Gerät nehmen und die Folie vorsichtig entfernen (Achtung, die Schüssel ist heiß!), dann 10 Minuten abkühlen lassen.

Den blindgebackenen Tarteboden aus dem Ofen nehmen.

Hülsenfrüchte und Backpapier entfernen. Die Ofentemperatur auf 160 °C reduzieren.

Die gegarten Möhren mit Zucker, Salz, Zimt und Koriandersamen in der Küchenmaschine glatt pürieren. Eier, Butter und Milch hinzufügen und vollständig unterrühren.

Die Mischung in den Tarteboden gießen und 30 Minuten backen. Falls die Ränder nach etwa 20 Minuten schon sehr dunkel sind, die Tarte für den Rest der Backzeit mit Folie abdecken. Die fertig gebackene Tarte aus dem Ofen nehmen und vollständig abkühlen lassen. Ich empfehle, sie vor dem Servieren mindestens 3 Stunden im Kühlschrank ruhen zu lassen.

Die Tarte gekühlt servieren und die einzelnen Portionen nach Belieben mit Schlagsahne und gehackten Haselnusskernen garnieren. Im Kühlschrank ist die Tarte bis zu 3 Tage haltbar.

Portugiesische Blätterteigtörtchen

ERGIBT 12 STÜCK **ZUBEREITUNG** 30 MINUTEN, PLUS KÜHLZEIT **GAREN** 35 MINUTEN

Für die Blätterteigböden

400 g küchenfertig ausgerollter Blätterteig

1 TL gemahlene Muskatnuss

etwas Butter für die Muffinform

Für die Füllung

150 g Zucker

1 Bio-Ei

2 Bio-Eigelbe

1 EL Maisstärke

1 TL Vanilleextrakt

400 g flüssige Schlagsahne

1 Prise gemahlene Muskatnuss

Die ersten portugiesischen Blätterteigtörtchen, die ich gegessen habe, stammten aus einer Supermarkt-Packung. Das zweite Mal habe ich sie in einem bekannten Kettenrestaurant gegessen. Das dritte Mal auf einem Markt in London. Jedes Mal schmeckten sie ein klein wenig besser. Und als ich sie dann endlich in Portugal in der Sonne genießen konnte, haben sie mich vollkommen überwältigt. Der krosse, buttrige Blätterteig mit Puddingfüllung und einem Hauch Muskatnuss. Köstlich! Einfach zu essen und noch einfacher zuzubereiten – besonders dann, wenn man sich genau ans Original halten möchte.

Den Blätterteig auf der Arbeitsfläche ausbreiten und die gemahlene Muskatnuss gleichmäßig darüberstreuen.

Den Teig nun von der Längsseite her wieder dicht zusammenrollen und in 12 gleich große Stücke schneiden.

Ein Muffinblech mit 12 Mulden bereitstellen und diese einfetten. In die Vertiefungen jeweils mit der Schnittstelle nach unten ein Stück Teig legen.

Die Hände leicht mit Wasser anfeuchten, damit der Teig nicht klebt, und den Teig mit den Daumen jeweils von der Mitte her ausbreiten, sodass Boden und Seiten der Vertiefungen gleichmäßig bedeckt sind. Im Kühlschrank ruhen lassen, während ihr die Füllung zubereitet.

In einer Schüssel Zucker, Ei, Eigelb, Maisstärke und Vanilleextrakt glatt rühren.

Die Sahne in einem Topf zum Kochen bringen und dann sofort vom Herd nehmen. Die heiße Sahne unter ständigem Rühren allmählich in die Eier-Mischung gießen.

Die Sahne-Eier-Mischung unter ständigem Rühren zurück in den Topf gießen und auf niedriger Stufe erhitzen, bis sie angedickt ist. Sofort vom Herd nehmen und 30 Minuten abkühlen lassen.

Den Ofen auf 200 °C vorheizen.

Das Muffinblech mit dem Blätterteig aus dem Kühlschrank nehmen und den Pudding auf die Blätterteigböden verteilen. Dabei darauf achten, dass oben jeweils ein kleiner Rand frei bleibt. Auf jedes Törtchen einen Hauch Muskatnuss streuen.

Im vorgeheizten Ofen 20–25 Minuten backen. Die Puddingfüllung geht beim Backen kuppelförmig über dem Teig auf, fällt beim Abkühlen aber wieder in sich zusammen.

Ich würde die Törtchen 30 Minuten ruhen lassen, damit der Pudding vor dem Essen vollkommen gestockt ist. Gekühlt serviert schmecken sie auch köstlich. Das alles hängt von eurer Geduld bzw. Verzweiflung ab!

Tartes & Pies 77

Grapefruit-Ganache-Tarte

FÜR 8–10 PORTIONEN
ZUBEREITUNG 45 MINUTEN, PLUS KÜHLZEIT
KOCHEN 35 MINUTEN

Für den Schokoladen-Mürbeteig

150 g Mehl, plus mehr zum Bestäuben

20 g Kakaopulver

40 g Puderzucker

1 Prise feines Meersalz

100 g kalte Butter, gewürfelt, plus etwas mehr für die Form

1 Bio-Eigelb

Hülsenfrüchte zum Blindbacken

Für die Füllung

300 g weiße Schokolade, gehackt

200 g flüssige Schlagsahne

Abrieb von 1 Bio-Grapefruit

Für die Sauce

Saft von 1–2 Grapefruits (ca. 200 ml)

75 g Zucker

50 g Butter

1 TL Maisstärke

Eine großartige Tarte – mit köstlichen Extras: Der lockere Mürbeteig enthält Kakao, der ihm einen wunderschönen dunklen Farbton verleiht. Ein Hauch Grapefruit gibt der reichhaltigen samtigen Ganache eine frische Note. Zum Servieren wird die Tarte mit wunderbar säuerlicher Grapefruitsauce beträufelt.

Die trockenen Zutaten für den Mürbeteig in die Küchenmaschine füllen. Die Butter hinzufügen und mit der Impulsstufe untermischen, bis die Mischung an feine Semmelbrösel erinnert. Das Eigelb untermixen, bis sich Klumpen bilden und kein überschüssiges Mehl mehr in der Schüssel ist. Falls der Teig zu krümelig ist, ein paar Tropfen Wasser dazugeben und die Maschine weiter laufen lassen, bis sich kleine Klumpen bilden.

Die Teig-Klumpen auf die saubere Arbeitsfläche häufen und kurz mit den Händen verkneten. Den Mürbeteig flach drücken und in Frischhaltefolie wickeln. Im Kühlschrank 30 Minuten ruhen lassen.

Inzwischen den Ofen auf 200 °C vorheizen. Eine Tarteform (23 cm Ø) mit Hebeboden einfetten.

Den gekühlten Teig auf der leicht bemehlten Arbeitsfläche zu einem Kreis mit etwa 35 cm Ø ausrollen – groß genug, um die Tarteform so damit auszulegen, dass ein klein wenig Teig übersteht. Die Form mit dem Mürbeteig auslegen und diesen dabei sorgfältig an den gewellten Rand drücken. Den Boden mehrmals mit einer Gabel einstechen. 15 Minuten kühl stellen.

Den gekühlten Teig mit Backpapier abdecken und mit Hülsenfrüchten beschweren. Im vorgeheizten Ofen 15 Minuten blindbacken, dann Backpapier und Hülsenfrüchte entfernen und den Tarteboden nochmals 15 Minuten backen. Aus dem Ofen nehmen, etwa 10 Minuten abkühlen lassen und dann überstehenden Mürbeteig vorsichtig abschneiden.

Den Tarteboden in der Form abkühlen lassen.

Die Schokolade in eine hitzebeständige Schüssel füllen und die Sahne in einem kleinen Topf vorsichtig bis zum Siedepunkt erhitzen. Sofort vom Herd nehmen und die heiße Sahne über die Schokolade gießen. Umrühren, bis sie geschmolzen und eine glatte Masse entstanden ist. Den Grapefruit-Abrieb untermischen und alles auf den abgekühlten Tarteboden gießen. Im Kühlschrank vollständig abkühlen lassen.

Für die Sauce die Butter in einem kleinen Topf bei niedriger Stufe zerlassen. Grapefruitsaft, Zucker und Maisstärke hinzufügen und glatt rühren. Unter Rühren erhitzen, bis eine glatte, dickflüssige Mischung entstanden ist, die den Löffelrücken überzieht. Vom Herd nehmen.

Die abgekühlte Tarte in Tortenstücke schneiden und zum Servieren mit Grapefruitsauce beträufeln. Im Kühlschrank ist die Tarte bis zu 3 Tage haltbar.

Französische Zwiebeltarte mit Blauschimmelkäse

FÜR 8 PORTIONEN **ZUBEREITUNG** 25 MINUTEN
BACKEN 45 MINUTEN

- 2 EL Butter
- 2 große Zweige Zitronenthymian, die Blättchen abgezupft
- 1 Knoblauchzehe, abgezogen und gerieben
- 5 Zwiebeln, abgezogen und in feine Scheiben geschnitten (insgesamt etwa 1 kg)
- 1 TL schwarzer Pfeffer aus der Mühle
- 1 TL Salz
- 2 TL Zucker
- 1 Packung küchenfertig ausgerollter Blätterteig
- 1 Bio-Ei, leicht verquirlt
- 150 g Blauschimmelkäse
- 1 kleine Handvoll Schnittlauch, in feine Röllchen geschnitten, zum Servieren

Für viele herzhafte Rezepte brauchen wir Zwiebeln und trotzdem vergessen wir häufig, wie wichtig sie sind. In dieser Tarte lasse ich sie also die Hauptrolle spielen, süß und leicht aromatisch, stolz präsentiert auf einem Bett aus luftig-buttrigem Blätterteig mit köstlichem Blauschimmelkäse.

Da die Zwiebeln auf niedriger Stufe langsam geschmort werden müssen, fängt man am besten damit an.

Die Butter in einer großen Pfanne mit Antihaftbeschichtung zerlassen – wir haben eine Menge Zwiebeln und brauchen Platz. Sobald die Butter geschmolzen ist, die Thymianblättchen hinzufügen, anschließend den Knoblauch und die Zwiebeln. Sorgfältig vermengen.

Pfeffer, Salz und Zucker untermischen. Auf mittlerer Stufe unter gelegentlichem Rühren 30 Minuten schmoren lassen, bis die Zwiebeln aussehen wie die Art, die man sonst nur mit einem Burger um 6 Uhr morgens auf einem Sonntagsmarkt essen würde.

Inzwischen den Blätterteig vorbereiten. Den Ofen auf 200 °C vorheizen und das Backblech mit Backpapier auslegen.

Den Blätterteig auf dem Blech ausbreiten und darauf mit einem scharfen Messer rundherum einen 1 cm breiten Rand markieren, ohne den Teig zu durchtrennen. Das innere Rechteck mit einer Gabel mehrmals einstechen, damit beim Backen Dampf entweichen kann.

Den Rand mit verquirltem Ei bestreichen und den Teig im vorgeheizten Ofen 20 Minuten goldbraun backen.

Aus dem Ofen nehmen und den aufgegangenen Blätterteig innen (nicht den markierten Rand) mit dem Löffelrücken flach drücken.

Den Blauschimmelkäse über das innere Rechteck krümeln. Die geschmorten Zwiebeln gleichmäßig darauf verteilen. Wieder in den Ofen schieben und 15 Minuten backen.

Aus dem Ofen nehmen, 10 Minuten abkühlen lassen und garniert mit den Schnittlauchröllchen servieren.

Orangen-Zitronengras-Tarte mit Baiserhaube

FÜR 8 PORTIONEN ZUBEREITUNG 30 MINUTEN, PLUS KÜHLZEIT GAREN 10 MINUTEN

Für den Boden
250 g gezuckerte Cornflakes
125 g Butter, zerlassen

Für die Füllung
Abrieb und Saft von 2 großen Bio-Orangen (es werden 200 ml Saft benötigt)
4 Stangen Zitronengras
25 g Maisstärke
250 g Zucker
6 Bio-Eigelb (Größe L)

Für die Baiser-Haube
4 Bio-Eiweiß (Größe L)
½ TL Weinsteinpulver
250 g Zucker

Zitronen-Baiser-Torte ist ein Klassiker. Gleichzeitig ist es ein Rezept mit unzähligen Variationsmöglichkeiten, und diese Version ist nur eine davon. Statt Keksen oder Mürbeteig verwende ich süße, krosse Cornflakes für den Boden und für die Füllung Orangen und Zitronengras statt Zitronen. Das Einzige, was sich nicht verändert hat, ist die Baiserhaube, denn ich finde, an Baiser gibt es nichts zu verbessern.

Eine Tarteform mit Hebeboden (23 cm Ø) mit einem runden Stück Backpapier auslegen.

Die Cornflakes in der Küchenmaschine zu feinen Krümeln verarbeiten. Die Butter hinzufügen und untermischen, bis eine feuchte, sandige Masse entstanden ist. Diese in die Tarteform geben, mit einem Löffel gleichmäßig auf Boden und Rand verteilen und mit dem Löffelrücken fest andrücken. Im Kühlschrank fest werden lassen.

Für die Füllung Orangenabrieb und -saft in einen kleinen Topf mit Antihaftbeschichtung geben. Das Zitronengras weichklopfen, in kleine Stücke hacken und hinzufügen.

Maisstärke, Zucker und Eigelbe dazugeben und sorgfältig umrühren. Zu diesem Zeitpunkt ist die Mischung noch klumpig und sieht nicht besonders gut aus. Einfach auf niedriger Stufe unter ständigem Rühren erhitzen, bis eine glatte, zähe Masse entstanden ist, die den Löffelrücken dickflüssig überzieht.

Vom Herd nehmen und die Masse durch ein feines Sieb streichen, um die letzten Klümpchen zu entfernen. Vollständig abkühlen lassen. Die abgekühlte Masse auf den knusprigen Tortenboden geben, mit der Winkelpalette glatt streichen und im Kühlschrank stocken lassen.

Jetzt das Baiser zubereiten: Eiweiße und Weinsteinpulver in die saubere Schüssel der Standküchenmaschine geben und die Maschine mit dem Schneebesenelement ausstatten.

Den Backofengrill auf eine hohe Stufe vorheizen.

In einem mittelgroßen Topf den Zucker und 125 ml Wasser mischen und auf niedriger Stufe erhitzen, bis der Zucker aufgelöst ist. Sanft köcheln lassen, bis der Sirup eine Temperatur von 110 °C hat. Dann das Eiweiß in der Küchenmaschine aufschlagen. Sobald der Sirup eine Temperatur von 118 °C erreicht hat, gießt ihn vorsichtig in einem feinen Strahl zu dem Eiweiß, während die Maschine langsam weiter läuft.

Wenn der Sirup vollständig untergemischt ist, die Geschwindigkeit auf mäßig-hohe Stufe erhöhen und den Eischnee 3–5 Minuten weiter aufschlagen, bis er schön fest und glänzend ist.

Den Tarteboden aus dem Kühlschrank nehmen und auf eine Servierplatte setzen. Kleine Kleckse der Baisermasse dicht nebeneinander auf die Füllung setzen und versuchen, sie möglichst zu verwirbeln. Kurz unter den heißen Ofengrill schieben, damit die Baisermasse leicht bräunt.

→

Tartes & Pies

Tartes & Pies

Pecannuss-Empanadas

ERGIBT 26 STÜCK   **ZUBEREITUNG** 50 MINUTEN, PLUS KÜHLZEIT **BACKEN** 40 MINUTEN   **KÖNNEN AM VORTAG VORBEREITET** UND DANN KURZ VOR DEM SERVIEREN FRITTIERT WERDEN

Für den Teig
600 g Weizenmehl
1 TL Salz
250 g Butter
1 Bio-Ei und 1 Bio-Eigelb, leicht verquirlt

Für die Füllung
2 Bio-Eier
50 g feiner Rohrohrzucker
150 g weiche Butter
3 EL Weizenmehl
1 EL Vollmilch
1 TL Vanilleextrakt
200 g Pekannusskerne, grob gehackt
230 g Clotted Cream (alternativ Crème double)
1 Bio-Ei, leicht verquirlt
Pflanzenöl zum Braten
Salz

Diese kleinen Pecannuss-Empanadas muss man nicht teilen, sondern kann die einzelnen Teigtaschen ganz für sich aus der Hand genießen. Der köstliche knusprige Teig wird mit einer Mischung aus Pekannusskernen und braunem Zucker gefüllt. Dazu kommt Clotted Cream – damit es noch köstlicher wird. Beim Ausbacken werden Füllung und Clotted Cream dann warm.

Als Erstes den Teig zubereiten. Mehl und Salz in einer Schüssel vermischen. Die Butter mit den Fingerspitzen unter die trockenen Zutaten kneten, bis die eine krümelige Mischung entsteht.

Eine Mulde in der Mitte formen und die verquirlten Eier sowie 140 ml kaltes Wasser hineingeben. Die Zutaten zu einem Teig vermengen. (Wer sich das Leben leichter machen will, bereitet den Teig in der Küchenmaschine zu.) Den Teig zu einer Scheibe formen, in Frischhaltefolie wickeln und im Kühlschrank mindestens 1 Stunde ruhen lassen.

Für die Füllung Eier, Zucker, Butter, Mehl, Milch, Vanilleextrakt und gehackte Pekannusskerne in einer Schüssel sorgfältig vermengen. Beiseitestellen.

Den gekühlten Teig auf der leicht bemehlten Arbeitsfläche 3 cm dick ausrollen. Mit einem runden Ausstecher (10 cm Ø) 26 Kreise ausstechen.

Die Füllung gleichmäßig auf den Teigkreisen verteilen, jeweils leicht versetzt von der Mitte, und auf jede Portion einen kleinen Klecks Clotted Cream geben.

Die Teigkreise um die Füllung leicht mit verquirltem Ei bestreichen und dann über der Füllung zu Halbkreisen falten. Zum Versiegeln am Rand sorgfältig andrücken. Auf einem Tablett mindestens 1 Stunde im Kühlschrank ruhen lassen.

Eine tiefe Pfanne etwa zur Hälfte mit Öl füllen und erhitzen. Das Öl ist heiß genug, wenn man ein Stückchen Brot hineingibt und es sofort an die Oberfläche steigt. Wenn ihr ein Küchenthermometer verwendet (das ist die genaueste Methode), muss das Öl 180 °C heiß sein.

Abhängig von der Größe der Pfanne 3–4 Empanadas in das heiße Öl gleiten lassen und von jeder Seite ein paar Minuten goldbraun frittieren. Pro Durchgang dauert das etwa 5 Minuten. Zum Abtropfen auf Küchenpapier setzen und leicht salzen. Heiß schmecken die Teigtaschen am besten.

Kanadische Butter Tart

FÜR 8 PORTIONEN   ZUBEREITUNG 25 MINUTEN, PLUS KÜHLZEIT   BACKEN 1 STUNDE

Für den Boden

400 g küchenfertiger Mürbeteig, in 1 cm große Stücke geschnitten

30 g Puderzucker, plus mehr zum Bestäuben

Für den Belag

2 Bio-Eier

120 g feiner brauner Zucker

1 TL Mandelextrakt (alternativ 1 Tropfen Bittermandelöl)

2 TL Instant-Espresso- oder Kaffeepulver

1 EL Maisstärke

50 g Butter, zerlassen, plus mehr für die Form

1 Prise Salz

50 ml Vollmilch

50 g Walnusskerne, grob gehackt

100 g Rosinen oder Korinthen

Als wir eines Sommers nach Kanada reisten, stand die »Butter Tart« auf der Liste der Dinge, die ich unbedingt probieren wollte. Während meiner Reisevorbereitungen hatte ich immer wieder darüber gelesen. Am besten an den süßen Küchlein mit knuspriger Nussfüllung hat mir der Teig gefallen, denn davon kann ich sowieso nie genug bekommen. Der Boden meiner Version besteht also aus vielen krossen Teigstückchen und die buttrige Füllung aus Nüssen, Rosinen und einem Hauch Kaffee ist nur leicht süß.

Den Ofen auf 200 °C vorheizen. Eine rechteckige Backform (18 x 27 cm) ausfetten, mit Backpapier auslegen und auch das Backpapier leicht einfetten.

Die Mürbeteigstückchen in einer Schüssel im Puderzucker schwenken, sodass sie rundherum bedeckt sind, in der vorbereiteten Form verteilen und Puderzucker-Reste darüberstreuen. Den Tarteboden im vorgeheizten Ofen 45 Minuten backen.

Inzwischen die Füllung zubereiten: Eier, Zucker, Mandelextrakt, Espresso-Pulver und Maisstärke in einem kleinen Topf mit Antihaftbeschichtung vermischen. Zerlassene Butter, Salz und Milch mit dem Schneebesen unterrühren.

Auf mittlerer Stufe unter Rühren erhitzen, bis die Masse andickt. Das dauert etwa 5 Minuten. Dann den Topf vom Herd nehmen und Walnüsse und Rosinen untermischen.

Den Tarteboden aus dem Ofen nehmen und die Nussmasse hineingießen. Zurück in den Ofen schieben und 15 Minuten backen, bis am Rand kleine Bläschen zu sehen sind. Aus dem Ofen nehmen und 10 Minuten in der Form abkühlen lassen.

Auf dem Papier aus der Form nehmen und zum vollständigen Abkühlen auf ein Kuchengitter setzen. In quadratische Stücke schneiden und zum Servieren mit Puderzucker bestäuben.

Rösti-Quiche

FÜR 6 PORTIONEN
ZUBEREITUNG 30 MINUTEN, PLUS KÜHLZEIT
BACKEN 50 MINUTEN

Für den Boden
Butter oder Öl für die Form
1 große Kartoffel (ca. 320 g), mit Schale, geputzt
1 große Süßkartoffel, (ca. 320 g), mit Schale, geputzt
1 TL Salz
1 TL Paprikapulver
1 TL Knoblauchgranulat
3 TL Zwiebelgranulat
40 g Weizenmehl
1 Bio-Ei, plus 1 verquirltes Bio-Ei zum Bestreichen

Für die Füllung
3 Bio-Eier
150 ml Vollmilch
150 g reifer Cheddar, gerieben
1 kleine Handvoll Schnittlauch, gehackt
Salz und Pfeffer aus der Mühle

Das Besondere an dieser neu interpretierten Quiche ist der Boden! Er besteht aus verschiedenfarbigen Kartoffeln, die geraspelt und in die Form gepresst wurden. Die Füllung ist eine cremige Käsemasse mit Schnittlauch. Köstlich und super einfach.

Den Ofen auf 180 °C vorheizen. Eine Tarte- oder Pie-Form (24 cm Ø und am besten ohne Hebeboden, damit nichts ausläuft) großzügig einfetten.

Die Kartoffeln raspeln und überschüssige Flüssigkeit sorgfältig ausdrücken. In einer Schüssel Kartoffelraspel, Salz, Paprikapulver, Knoblauch- und Zwiebelgranulat sowie Mehl sorgfältig mischen und darauf achten, dass die Zutaten gleichmäßig verteilt sind. Das Ei hinzufügen und umrühren, sodass alle Zutaten damit benetzt sind und ein fester Teig entsteht.

Diesen in die vorbereitete Form geben und mit einem Löffelrücken gleichmäßig auf dem Boden und an den Seiten verteilen und andrücken. Im vorgeheizten Ofen 25–30 Minuten backen.

Die Form aus dem Ofen nehmen und die Kartoffelmasse erneut mit dem Löffelrücken auf den Boden und die Seiten drücken. Die gesamte Oberfläche nun mit dem verquirlten Ei bestreichen und dabei mögliche Lücken großzügig füllen. Mehr ist mehr! Nochmals 5 Minuten backen.

Inzwischen die Füllung zubereiten: Eier und Milch in einem Messbecher verrühren.

Die Tarte aus dem Ofen nehmen und den Käse darauf verteilen. Die Eier-Milch-Mischung darübergießen und mit Schnittlauch bestreuen. Großzügig mit Salz und Pfeffer würzen. Zurück in den Ofen schieben und 20 Minuten backen, bis die Masse gestockt, aber in der Mitte noch nicht ganz fest ist.

Etwa 30 Minuten abkühlen lassen, damit die Füllung weiter stocken kann. Dann aus der Form nehmen, in Stücke schneiden und servieren.

Sfeeha-Dreieck

FÜR 6–8 PORTIONEN
ZUBEREITUNG
50 MINUTEN, PLUS ZEIT ZUM AUFGEHEN
BACKEN 55 MINUTEN

Für den Teig
- 500 g Weizenmehl (Type 550), plus mehr für die Arbeitsfläche
- 7 g Trockenhefe
- 1 TL Zucker
- 3 EL Olivenöl
- 1 TL Salz

Für die Füllung
- 3 EL Olivenöl
- 3 Knoblauchzehen, abgezogen und zerdrückt
- 100 g Pinienkerne
- 1 Zwiebel, abgezogen und fein gehackt
- 500 g Lammhackfleisch
- 1 TL Salz
- 1 TL Cayennepfeffer
- 1 EL schwarzer Pfeffer aus der Mühle
- ½ TL gemahlener Zimt
- 1 TL gemahlener Piment
- 1 EL Honig
- 1 große Handvoll frische Petersilienblätter

Für den Dip
- 10 EL Olivenöl von guter Qualität
- 6 EL Naturjoghurt
- etwas Granatapfel-Melasse
- 1 Handvoll Granatapfelkerne
- 1 TL Za'atar (arabische Gewürzmischung, erhältlich in der Feinkostabteilung gut sortierter Supermärkte)

Für die Glasur
- 50 g Butter, zerlassen
- 1 Prise Salz
- 1 EL getrocknete Petersilie

Sfeeha habe ich das erste Mal im Fastenmonat Ramadan gegessen. Eines Abends wurde im Anschluss an das Gebet Essen für einen wohltätigen Zweck verkauft. Meine Erinnerung daran ist also doppelt gut, weil das Spenden ein gutes Gefühl gibt und das Fastenbrechen immer etwas Besonderes ist. Die Sheefa, die ich damals gegessen habe, waren einzelne, dreieckige Teigtaschen mit süßlich-pikanter Hackfleischfüllung. Mein Rezept ist für ein großes Dreieck zum Teilen.

Mit dem Teig beginnen. Das Mehl in eine große Schüssel geben. Auf eine Seite Hefe, Zucker und Öl, auf die andere das Salz hinzufügen. Die Zutaten sorgfältig vermengen und eine Mulde in die Mitte formen.

In die Mulde 300 ml warmes Wasser gießen, untermischen und die Zutaten zu einem glatten, elastischen Teig kneten – entweder in der Küchenmaschine mit dem Knethaken (etwa 5 Minuten) oder auf der leicht bemehlten Arbeitsfläche per Hand (etwa 10 Minuten). Zurück in die Schüssel geben und abgedeckt an einem warmen Ort ruhen lassen, bis sich das Volumen verdoppelt hat.

Für die Füllung das Öl in einer Pfanne mit Antihaftbeschichtung erhitzen. Sobald es heiß ist, den zerdrückten Knoblauch und die Pinienkerne hinzufügen und goldbraun rösten. Die gehackte Zwiebel untermischen und 10 Minuten sanft dünsten. Das Lammhackfleisch dazugeben und rundherum braun anbraten.

Salz, Cayennepfeffer, schwarzen Pfeffer, Zimt, Piment und Honig untermischen. Unter Rühren 10 Minuten braten. Vom Herd nehmen, die Petersilie hinzufügen und vollständig abkühlen lassen.

Den Ofen auf 220 °C vorheizen und ein Backblech mit Backpapier auslegen.

Den Teig, sobald er auf das doppelte Volumen aufgegangen ist, kurz und kräftig durchkneten. Auf der leicht bemehlten Arbeitsfläche zu einem 5 mm dicken Kreis ausrollen. Vorsichtig auf das vorbereitete Backblech heben.

Die Hackfleisch-Mischung in einem Kreis auf die Teigmitte häufen. Den Teig nun an drei gleichmäßig voneinander entfernten Punkten anheben und nach

innen über die Füllung falten, sodass ein Dreieck entsteht. Den Teig in der Mitte zusammendrücken, die Nahtstellen aber offen lassen, sodass die Füllung zu sehen ist. Das Dreieck vorsichtig flachdrücken und im vorgeheizten Ofen 25 Minuten backen.

Für den Dip das Öl in eine Schüssel gießen und den Joghurt darauflöffeln. Mit ein wenig Granatapfel-Melasse beträufeln, die Granatapfelkerne darauf verteilen und das Za'atar darüberstreuen.

Sobald das Dreieck aus dem Ofen kommt, die Oberfläche mit zerlassener Butter bestreichen und mit Salz und getrockneter Petersilie bestreuen. Mit dem Dip servieren.

Bunte Pakora-Pie

FÜR 8 PORTIONEN
ZUBEREITUNG 1 STUNDE
BACKEN 40 MINUTEN

Für die Füllung

1 rote Paprikaschote, geputzt und gewürfelt
1 Karotte, geraspelt
300 g Mais (aus der Dose), abgetropft
1 kleiner Zucchino, gewürfelt
½ Aubergine, gewürfelt
½ rote Zwiebel, abgezogen und gewürfelt
1 große Handvoll frischer Schnittlauch, fein gehackt
1 große Handvoll frisches Koriandergrün, fein gehackt
1 TL Salz
2 TL Knoblauchgranulat
2 TL Chiliflocken
2 TL Kreuzkümmelsamen
1 EL Currypulver (mild oder scharf, ganz nach Belieben)
2 Bio-Eier
100 g Kichererbsenmehl

Für den Teig

260 g Weizenmehl (Type 405)
60 g Weizenmehl (Type 550)
½ TL Salz
2 TL Currypulver
70 g Butter
1 Bio-Ei, leicht verquirlt

Pies esse ich nicht nur gerne, ich bereite sie auch besonders gerne zu. Eine komplette Mahlzeit in köstlicher Teighülle, die ganz nach Belieben gefüllt werden kann (außer mit Suppe). Diese Pie hat eine goldbraune Teigkruste mit Currygeschmack und ist mit leicht gewürztem, buntem Gemüse gefüllt. Inspiriert von Pakora (indischen Teigtaschen), hat sie all deren Farben und Geschmack, wird aber nicht frittiert.

Zuerst die Füllung zubereiten: Paprikaschote, Karotte, Mais, Zucchini, Aubergine, Zwiebel, Schnittlauch und Koriandergrün in einer Schüssel mischen. Salz, Knoblauchgranulat, Chiliflocken, Kreuzkümmelsamen und Currypulver sorgfältig untermischen.

Die Eier hinzufügen und alles gut umrühren. Das Kichererbsenmehl untermischen. Beiseitestellen und den Teig zubereiten.

Den Ofen auf 200 °C vorheizen und eine runde Tarteform (25 cm Ø) bereitstellen.

In einer Schüssel beide Mehlsorten, Salz und Currypulver vermischen. In die Mitte eine Mulde formen.

Die Butter und 135 ml Wasser in einem kleinen Topf zum Kochen bringen. Vom Herd nehmen, sobald die Butter geschmolzen ist, und sofort in die Mulde gießen.

Die Zutaten zunächst mit dem Kochlöffel vermengen. Sobald die Mischung ausreichend abgekühlt ist, mit den Händen zu einem glatten Teig verkneten. Ein Drittel des Teigs abtrennen und beiseitelegen.

Das größere Stück kreisförmig ausrollen und in die Tarteform legen, dabei etwas Teig an den Rändern überstehen lassen.

Das Gemüse darauf verteilen. Das kleinere Stück Teig etwas größer als die Tarteform ausrollen. Den überstehenden Teigboden mit verquirltem Ei bestreichen. Den ausgerollten Teigdeckel darauflegen. Die Teigränder rundherum mit den Fingerspitzen zusammendrücken. Die Oberfläche in der Mitte einschneiden, damit beim Backen Dampf entweichen kann, und mit verquirltem Ei bestreichen. Im vorgeheizten Ofen 40 Minuten backen.

Vor dem Servieren mindestens 1 Stunde ruhen lassen.

Rote-Bete-Tarte-Tatin
mit Makrele und Dill-Pesto

FÜR 4 PORTIONEN **ZUBEREITUNG** 30 MINUTEN
BACKEN 40 MINUTEN

Für die Tarte Tatin

- 500 g küchenfertiger Blätterteig
- 3 EL Pflanzenöl
- 400 g gegarte Rote Bete, abgetropft und trocken getupft, geviertelt
- 2 EL Balsamessig
- 2 EL feiner Rohrohrzucker
- Abrieb und Saft von 1 kleinen Bio-Orange

Für das Pesto

- 50 g Pinienkerne, geröstet
- 2 Knoblauchzehen, abgezogen
- 100 g frischer Dill, grob gehackt
- 50 g Parmesan, gerieben
- 150 ml Olivenöl

Zum Servieren

- 140 g heißgeräucherte Makrele, Haut entfernt, in Flocken zerteilt
- Crème fraîche

Ein einfaches Mittag- oder Abendessen, das sich gut vorbereiten lässt, um es später zu backen. Ich liebe Rote Bete, insbesondere die intensive Farbe, aber auch diesen süßen, köstlichen, erdigen Geschmack. Beides kommt besonders gut zur Geltung, wenn die Beten mit Orangen und Blätterteig kombiniert werden. Zu dieser Tarte serviere ich gerne heißgeräucherte Makrele und ein Dill-Pesto. Falls vom Pesto etwas übrig bleibt, füllt man es am besten in ein Einmachglas, deckt die Oberfläche mit Öl ab und verschließt das Glas mit dem Deckel. Im Kühlschrank ist es so 1–2 Wochen haltbar.

Den Ofen auf 200 °C vorheizen. Für dieses Rezept benötigt ihr eine ofenfeste, tiefe Pfanne mit etwa 25 cm Ø.

Den Teig zu einem Kreis mit 29 cm Ø ausrollen. Auf einem Tablett im Kühlschrank ruhen lassen.

Das Öl in der Pfanne erhitzen. Die Rote Bete hineingeben und darin aufwärmen. Da sie bereits gegart ist, ist die halbe Arbeit schon erledigt. Balsamessig, Zucker, Orangensaft und -abrieb zur Roten Bete geben, umrühren und etwa 5 Minuten sanft köcheln lassen, bis die Beten in einer dickflüssigen, klebrigen Mischung liegen. Nicht aus den Augen lassen, damit der Zucker nicht anbrennt. Vom Herd nehmen.

Den gekühlten Teig vorsichtig über die Rote Bete legen und die Teigränder mit einem Silikonteigschaber rundherum vorsichtig in die Pfanne schieben, sodass eine »Schale« entsteht, die später die Rote Bete halten wird. Die Oberfläche mehrmals einstechen, damit Dampf entweichen kann. Im vorgeheizten Ofen 35 Minuten backen.

Für das Pesto alle Zutaten in der Küchenmaschine glatt pürieren.

Die fertig gebackene Tarte aus dem Ofen nehmen und 5 Minuten ruhen lassen. Auf einen Servierteller stürzen und die Makrelen-Flocken darauf verteilen. Abschließend mit dem Pesto beträufeln und etwas Crème fraîche zur Tarte reichen.

Pithivier mit Hähnchen, Brie, Cranberry und rosa Pfeffer

FÜR 6 PORTIONEN   **ZUBEREITUNG** 30 MINUTEN, PLUS KÜHLZEIT   **BACKEN** 50 MINUTEN
KANN BIS ZU 1 TAG IM VORAUS VORBEREITET UND KURZ VOR DEM SERVIEREN GEBACKEN WERDEN

- 500 g Blätterteig
- 3 EL Olivenöl
- 4 Knoblauchzehen, abgezogen
- 1 Zwiebel, abgezogen und grob zerkleinert
- 1 TL Salz
- 4 EL rosa Pfefferbeeren, zerstoßen
- 300 g Hähnchenkeulen, aus den Knochen gelöst und gewürfelt
- 100 g getrocknete Cranberrys
- 2 Bio-Eigelb, leicht verquirlt
- 200 g Brie, in einem runden Stück

Dieser klassische französische Blätterteigkuchen wird dekorativ eingeritzt und kann mit allen möglichen Zutaten gefüllt werden – von salzig bis süß. Bei einem so verlässlichen Äußeren lässt das Innere Platz zum Experimentieren. Die Füllung für dieses Rezept besteht aus Hähnchenfleisch mit rosa Pfefferbeeren und Cranberrys, das um eine köstliche Mitte aus schmelzendem Brie drapiert wird.

Zwei Backbleche mit Backpapier auslegen.

Den Blätterteig in etwa zwei gleich große Portionen teilen. Eine 5 mm dick ausrollen und einen Kreis mit 25 cm Ø ausschneiden. Die zweite Portion ebenfalls 5 mm dick ausrollen und einen 30 cm großen Kreis ausschneiden. Separat auf den beiden Blechen kalt stellen.

Für die Füllung in einer Pfanne mit Antihaftbeschichtung das Öl auf mittlerer Stufe erhitzen. Knoblauch und Zwiebeln zu einer glatten Paste pürieren.

Diese im heißen Öl etwa 10 Minuten goldbraun rösten. Salz und Pfefferbeeren unterrühren.

Das Hähnchenfleisch und die Cranberrys hinzufügen und unter gelegentlichem Rühren etwa 7 Minuten braten, bis das Hähnchenfleisch gar ist. Vom Herd nehmen und vollständig abkühlen lassen.

Den kleineren Teigkreis am Rand mit verquirltem Eigelb bestreichen.

Vorsichtig je eine dünne Scheibe von der Ober- und Unterseite des Bries abschneiden, damit er nicht so hoch ist. Den Käse in die Mitte des Teigkreises setzen und das Hähnchenfleisch rundherum und auf der Oberfläche verteilen. Der mit Eigelb bestrichene Rand muss frei bleiben.

Den zweiten, größeren Teigkreis darauflegen, Luftblasen ausstreichen und leicht andrücken. Die Teigränder zum Versiegeln rundherum zusammendrücken. Die Oberfläche mit Eigelb bestreichen und das Ganze 30 Minuten im Kühlschrank ruhen lassen.

Den Ofen auf 200 °C vorheizen, ein Backblech zum Aufheizen hineinstellen.

Mit dem Messerrücken rund um den Rand ein Wellenmuster in den Teig drücken. Die Teigoberfläche in gleichmäßigen Abständen von der Mitte zum Rand halbmondförmig einritzen (den Teig nicht durchtrennen). Erneut mit Eigelb bestreichen und im vorgeheizten Ofen 25–30 Minuten backen. Falls die Oberfläche schon nach 20 Minuten gut gebräunt ist, mit Alufolie abdecken und die Temperatur auf 180 °C reduzieren. Den fertigen Pithivier sofort servieren.

Tartes & Pies

95

Tomaten-Galette

FÜR 4 PORTIONEN
ZUBEREITUNG 25 MINUTEN
GAREN 45 MINUTEN

Für den Teig
120 g Weizenmehl
100 g Kichererbsenmehl
1 Prise Salz
100 g Butter

Für die Füllung
2 EL Pflanzenöl
1 Knoblauchzehe, abgezogen und zerdrückt
3 Anchovis oder ½ TL Salz
350 g Kirschtomaten, halbiert
1 TL geräuchertes Paprikapulver
1 EL Tamarindenpaste (aus dem Asia- oder Bioladen oder der Asia-Abteilung gut sortierter Supermärkte)
200 g Mais (aus der Dose), abgetropft
4 EL Hummus
1 kleine Handvoll Kapern
1 kleine Handvoll Basilikumblätter

Diese Galette besteht wie eine Pizza aus Teig, Tomaten und Belag und ist ebenso köstlich. Aber schneller zubereitet!

Zuerst den Teig zubereiten. Beide Mehlsorten und das Salz in einer großen Schüssel vermischen. Die Butter mit den Fingerspitzen in die trockenen Zutaten kneten, bis ein krümeliger Teig entsteht.

Esslöffelweise kaltes Wasser untermischen (etwa 3–4 EL), sodass der Teig glatt wird. Den Teig zu einer Scheibe formen, in Frischhaltefolie wickeln und im Kühlschrank ruhen lassen.

Das Öl in einer Pfanne erhitzen. Knoblauch und Anchovis in das heiße Öl geben. Die Anchovis mit dem Kochlöffel zerdrücken, bis sie aufgelöst sind. Das sorgt für mehr Würze.

Tomaten und Paprikapulver untermischen und 3–4 Minuten köcheln lassen, bis die Tomaten weich werden. Tamarindenpaste und Mais hinzufügen und etwa 10 Minuten weiter köcheln lassen, bis die Flüssigkeit nahezu verdampft ist. Vom Herd nehmen.

Den Ofen auf 200 °C vorheizen und ein Backblech zum Aufheizen hineinstellen.

Den Teig auf einem Stück Backpapier 5 mm dick ausrollen (so lässt er sich später besser auf das Blech legen). Es muss keinen perfekten Kreis ergeben – kleine Unregelmäßigkeiten tragen zur Textur bei.

Den Hummus auf dem ausgerollten Teig verstreichen, dabei rundherum einen 5 cm breiten Rand frei lassen. Die Tomaten-Mais-Mischung darauf verteilen und den Rand nach innen falten. Falls er dabei einreißt (der Teig ist recht spröde), kann man ihn einfach wieder zusammendrücken.

Die Galette samt Backpapier auf das heiße Blech gleiten lassen und im vorgeheizten Ofen 25–30 Minuten backen.

Die Kapern grob hacken und die Basilikumblätter in Stücke zupfen. Beides auf der fertigen Galette verteilen. Zum Servieren in Stücke schneiden.

Viertes Kapitel

DESSERTS

Tutti-Frutti-Pavlova

FÜR 8 PORTIONEN **ZUBEREITUNG** 25 MINUTEN
GAREN 1 STUNDE, PLUS KÜHLZEIT
SCHMECKT FRISCH AM BESTEN, IST IM KÜHLSCHRANK ABER 1 TAG HALTBAR

Für das Baiser
4 Bio-Eiweiß
250 g Zucker
1 TL Essig
2 TL Maisstärke
1 TL Vanilleextrakt
Butter für das Blech

Für die Tutti-Frutti-Sahne
350 g flüssige Schlagsahne
3 EL Puderzucker
1 EL Maisstärke
100 g Belegkirschen, abgetropft und gehackt
100 g Pistazienkerne, grob gehackt
100 g Orangeat und Zitronat

Zum Garnieren
25 g dunkle Schokolade, geraspelt

Meine erste Erinnerung an »Tutti Frutti« ist die von Küchlein, die es in einem asiatischen Supermarkt bei uns in der Nähe gab. Sie waren in durchsichtige Plastikfolie verpackt – all das glorreiche Tutti Frutti wie auf dem Präsentierteller. So verlockend! Alles, was die gleiche köstliche Farbkombination hat, kommt bei mir gut an, also habe ich einfache Schlagsahne damit durchzogen, die zufrieden auf einem Baisernest sitzt.

Den Ofen auf 150 °C vorheizen und ein Backblech leicht mit Butter einfetten. Einen Teller mit 25 cm Ø als Schablone verwenden, um mit Bleistift einen Kreis auf einen Bogen Backpapier zu zeichnen. Das Papier wenden, auf das Backblech legen und darauf achten, dass es am Fett haftet.

Die Baisermasse zubereiten: Das Eiweiß in einer sauberen Schüssel mit dem Handrührgerät locker aufschlagen. Den Zucker löffelweise unterrühren, bis er vollständig aufgelöst ist. Wenn der Eischnee steif ist, Essig, Maisstärke und Vanilleextrakt unterrühren.

Die Baisermasse kreisförmig auf das vorbereitete Backpapier löffeln oder aufspritzen – so sauber oder ungefähr, wie es euch gefällt. In der Mitte eine leichte Mulde für die Sahne formen.

Im vorgeheizten Ofen 1 Stunde backen. Dann den Ofen abschalten und das Baiser darin abkühlen lassen.

Anschließend auf einen Servierteller setzen oder in einem luftdicht verschlossenen Behälter zum Anrichten aufbewahren.

Sahne, Puderzucker und Maisstärke in einer Schüssel vermischen und locker aufschlagen. Je etwa die Hälfte der Kirschen, Pistazien sowie des Orangeats und Zitronats vorsichtig unterheben (den Rest zum Garnieren beiseitelegen).

Ich kleckse die Sahnemischung immer gerne mit zwei Löffeln locker auf den Baiserboden und garniere die Pavlova abschließend mit den restlichen Kirschen, Pistazien, Orangeat und Zitronat und der gehobelten Schokolade.

Fruit Cobbler – Obstauflauf

Für die Obstschicht

zerlassene Butter für die Form

4 Pflaumen, geviertelt und entsteint

4 Pfirsiche, geviertelt und entsteint

50 g Zucker

2 EL Maisstärke

125 g Blaubeeren

1 Zitrone

1 kleine Handvoll frische Minzeblätter, in feine Streifen geschnitten

Für den Teig

150 g weiche Butter

150 g Zucker

3 Bio-Eier

150 g Mehl

2 TL Backpulver

50 g Kokosraspel

30 g Kakaopulver

50 g Schokoladen-Chips oder gehackte Schokolade

1 Prise Salz

Zum Servieren

Eiscreme

50 g Milchschokolade, geschmolzen

FÜR 8 PORTIONEN   **ZUBEREITUNG** 30 MINUTEN   **GAREN** 35 MINUTEN   **SCHMECKT FRISCH AM BESTEN,** IST IM KÜHLSCHRANK ABER 2 TAGE HALTBAR

Eine süße Schicht buntes Obst wird mit Schokoladen-Kokos-Teig überbacken. Sieht köstlich aus, schmeckt köstlich und ist dabei wunderbar einfach zuzubereiten – bei uns zuhause gehört dieser Obstauflauf zu den absoluten Lieblingsdesserts.

Eine mittelgroße Auflaufform (etwa 25 x 30 x 5 cm) großzügig mit zerlassener Butter einfetten. Den Ofen auf 190 °C vorheizen.

Die geviertelten Pflaumen und Pfirsiche in einer Schüssel mit Puderzucker und Maisstärke bestäuben und sorgfältig mischen, bis das Obst gleichmäßig überzogen ist. Die Mischung in der vorbereiteten Form verteilen. Blaubeeren und Zitronenabrieb möglichst gleichmäßig darüberstreuen, danach die zerkleinerte Minze (die Blättchen zwischen das Obst schieben, damit sie nicht anbrennen).

Für den Teig Butter, Zucker und Eier vermengen (per Hand oder mit dem Handrührgerät). Mehl, Backpulver, Kokosraspel und Kakaopulver in einer separaten Schüssel vermischen und unter die Eiermasse mengen, bis ein glatter Teig entstanden ist. Die Schokoladen-Chips unterheben.

Den Teig mit einem Eisportionierer oder zwei Esslöffeln in unregelmäßigen Abständen auf das Obst setzen.

Ein klein wenig Salz auf den Teig streuen und den Auflauf im vorgeheizten Ofen 35 Minuten backen, bis das Obst zart und der Teig knusprig ist – und ihr es kaum noch erwarten könnt, zuzulangen!

Wir essen den Auflauf gerne mit Eiscreme, beträufelt mit geschmolzener Schokolade.

Desserts 103

Schokoladen-Ganache mit süß-salzigen Pita-Chips

Für die Ganache
800 ml Kondensmilch
60 g Kakaopulver
50 g Butter
Öl für die Form
6 Passionsfrüchte

Für die Chips
6 Pita-Brote, in Streifen geschnitten
150 g Butter, zerlassen
1 TL Meersalzflocken
4 EL Demerara-Zucker oder brauner Rohrzucker
Kakaopulver zum Bestäuben (optional)

FÜR 6–8 PORTIONEN   ZUBEREITUNG 25 MINUTEN, PLUS KÜHLZEIT   GAREN 30 MINUTEN   KANN BIS ZU 24 STUNDEN IM VORAUS ZUBEREITET WERDEN

Dies ist ein Dessert zum Teilen – eigentlich nicht mein Ding, denn bei Nachtisch ist meine Einstellung eher »meins, meins, meins!« Hier mache ich aber eine Ausnahme. Es handelt es sich um eine schnittfeste Ganache, die in einer Schüssel serviert wird. Dazu werden in Butter, Salz und Zucker gebackene Pita-Chips gereicht. Da das so reichhaltig und süß ist, träufele ich für eine frische Note gerne Maracuja-Mark auf die Ganache.

Als Erstes die Ganache zubereiten: Kondensmilch, Kakaopulver und Butter in einem kleinen Topf mit Antihaftbeschichtung mischen.

Eine Schüssel (12–15 cm Ø) mit Öl einfetten.

Die Zutaten im Topf auf hoher Stufe zum Kochen bringen. Die Temperatur reduzieren und die Mischung unter Rühren etwa 5 Minuten dicklich einköcheln lassen. Vom Herd nehmen und im Topf 5 Minuten abkühlen lassen, dann in die vorbereitete Schüssel gießen. Wenn die Masse vollständig abgekühlt ist, muss sie 4 Stunden im Kühlschrank ruhen, bis sie sich fest anfühlt.

Inzwischen die Pita-Chips zubereiten: Den Ofen auf 180 °C vorheizen.

Ein Backblech mit Backpapier auslegen, die Pita-Streifen darauf verteilen und mit zerlassener Butter beträufeln. Salz und Zucker in einer Schüssel mischen und über die Pita-Streifen streuen. Im vorgeheizten Ofen 20–25 Minuten backen, dabei nach der Hälfte der Zeit wenden, damit die Chips rundherum goldbraun und knusprig werden. Aus dem Ofen nehmen und auf dem Blech abkühlen lassen.

Zum Servieren die Schüssel mit der Ganache auf die Mitte einer Servierplatte stellen, sodass rundherum Platz für die Pita-Chips ist. Die Pita-Chips nach Belieben mit Kakaopulver bestäuben und rund um die Schüssel anrichten. Die Passionsfrüchte halbieren, das Fruchtmark herauslösen und auf die Ganache träufeln.

Mit einem Messer etwas Ganache aus der Schüssel nehmen, auf die süß-salzigen Pita-Chips streichen und genießen!

Karamellpudding
mit Earl Grey

> FÜR 10 PORTIONEN ZUBEREITUNG 40 MINUTEN, PLUS KÜHLZEIT BACKEN 45 MINUTEN
> IN FOLIE GEWICKELT UND LUFTDICHT VERPACKT 3–4 TAGE HALTBAR (DIE SAUCE IST IM KÜHLSCHRANK 1 WOCHE HALTBAR)

Für die Puddingmasse

- 4 Beutel Schwarztee (Sorte Earl Grey oder ein anderer Schwarztee)
- 1 Sternanis
- 200 g entsteinte Datteln
- 60 g weiche Butter, plus mehr für die Form
- 200 g Vollrohrzucker
- 1 TL Natron
- 1 Bio-Ei, leicht verquirlt
- 1 Prise Salz
- 200 g Mehl, gesiebt
- 2 ½ TL Backpulver

Für die Sauce

- 200 g Vollrohrzucker
- 60 g Butter
- 3 EL Melasse (alternativ Zuckerrübensirup)
- 300 g flüssige Schlagsahne
- 1 Prise Salz

Zum Servieren

Eiscreme

Wie jeder englische Karamellpudding ist dieser hier köstlich, aber er hat noch etwas Besonderes: Die wunderbar süßen Datteln und die Karamellsauce bekommen durch den subtilen Duft des Earl-Grey-Tees eine frische Note.

Zunächst die Puddingmasse zubereiten: Teebeutel und Sternanis in einer Kanne mit 200 ml kochendem Wasser aufgießen und 15 Minuten ziehen lassen.

Inzwischen den Ofen auf 180 °C vorheizen und eine Kastenform mit 900 ml Fassungsvermögen einfetten.

Datteln, Butter und Zucker in einem Topf mischen. Die Teebeutel ausdrücken, um möglichst viel von ihrem Aroma zu erhalten. Teebeutel und Sternanis entsorgen. Den Tee über die Datteln im Topf gießen.

Den Topfinhalt zum Kochen bringen und umrühren. Vom Herd nehmen, sobald der Zucker aufgelöst und die Butter geschmolzen ist. Etwa 15 Minuten abkühlen lassen. Die Mischung mit dem Pürierstab oder in der Küchenmaschine glatt pürieren und dann in eine Schüssel füllen.

Natron, Ei, Salz, Mehl und Backpulver untermischen (per Hand, mit dem Handrührgerät oder in der Küchenmaschine) und gründlich zu einer glatten Masse verrühren, damit keine Klumpen entstehen. In die vorbereitete Form gießen und diese leicht auf die Arbeitsfläche stoßen, damit sich die Masse gleichmäßig darin verteilt. Im vorgeheizten Ofen 40 Minuten backen.

Für die Sauce Zucker, Butter und Melasse in einem Topf vermischen und auf mittlerer Stufe erhitzen, bis die Butter geschmolzen ist. Sobald sich Blasen bilden, den Topf vom Herd nehmen.

Die Sahne unterrühren und alles auf niedriger Stufe 5 Minuten sanft zu einer dunklen, glatten Karamellsauce einkochen.

Den fertigen Kuchen aus dem Ofen nehmen und in der Form 10 Minuten abkühlen lassen. Aus der Form stürzen und in 10 Scheiben schneiden (leicht schräg, sodass sie leicht zu einer Seite neigen). Zum Servieren jede Portion großzügig mit Sauce beträufeln. Darauf achten, dass noch Sauce übrig bleibt, damit sich diejenigen, die mehr wollen (ich!) am Tisch selbst bedienen können.

Warm servieren, mit einer rieeesigen Portion Eiscreme. Wie wäre es mit einer Tasse Earl Grey dazu?

Himbeerrolle
mit Vanillesauce

FÜR 6 PORTIONEN
ZUBEREITUNG 25 MINUTEN
BACKEN 1 STUNDE

Für die Biskuitrolle
250 g Mehl, plus mehr zum Bestäuben
3 ½ TL Backpulver
50 g kalte Butter, gewürfelt, plus mehr für die Form
1 EL Zucker
1 TL Vanillemark
50 g Kokosfett
150 ml kalte Vollmilch (eventuell etwas weniger)

Für die Füllung
100 g frische Himbeeren
Abrieb von 1 Bio-Orange
1 TL Zucker

Außerdem
50 g Zucker, zum Bestäuben
warme Vanillesauce (s. Seite 118 – Tottenham Cake)
gemischte frische Beeren

Dies ist der absolute Favorit meines Mannes – er hat vom Schulessen gute Erinnerungen daran. Diese Erinnerungen teile ich nicht, denn bei uns gab es Cornflakes-Tarte oder Toothpaste-Tarte (eine Schokoladen-Tarte)! Nichts macht mich glücklicher, als diese Teigrolle für ihn zu backen (niemals die TK-Version, schließlich wollen wir nicht zurück in die Schule). Die Füllung für meine Version bereite ich aus frischen Beeren zu, mit ein wenig Orangenabrieb. Die Rolle bekommt einen knusprigen Zuckerüberzug und wird warm serviert, mit warmer Vanillesauce und vielen frischen Beeren.

Den Ofen auf 180 °C vorheizen. Ein tiefes Backblech auf die untere Einschubleiste schieben, kochendes Wasser hineingießen und die Ofentür schließen. Über dem Blech muss noch Platz für einen Ofenrost sein, auf dem die Rolle gebacken wird.

Ein 30 x 40 cm großes Stück Alufolie auf der Arbeitsfläche ausbreiten. Ein ebenso großes Stück Backpapier darauflegen und einfetten. Beiseitelegen.

Mehl, Backpulver, Butter, Zucker und Vanillemark gründlich in einer Schüssel vermischen. Die Butter mit den Fingerspitzen hineinkrümeln, sodass ein krümeliger Teig entsteht. Das geht auch in der Küchenmaschine.

Das Kokosfett untermischen. Eine Mulde in die Mitte formen und 125 ml Milch hineingießen. Die Zutaten mit einem Tafelmesser zu einem Teig verarbeiten und dann per Hand zu einer Kugel formen. Falls der Teig zu trocken ist, die übrige Milch dazugeben.

Die Arbeitsfläche leicht mit Mehl bestäuben und den Teig darauf zu einem Quadrat mit 25 cm Seitenlänge ausrollen.

In einer Schüssel die Himbeeren mit dem Orangenabrieb und dem Zucker mischen und zerstoßen. Die Fruchtmischung auf dem Teigquadrat verteilen, dabei rundherum einen 1 cm breiten Rand frei lassen.

Den Teig nun wie eine Biskuitrolle zusammenrollen und die Seiten zum Versiegeln zusammendrücken. Die Rolle mit der Nahtstelle nach unten auf das Backpapier legen. Das Papier an den beiden Seiten nach innen schlagen und locker zusammenrollen, sodass der Kuchen beim Dämpfen aufgehen kann. Die Folie über dem Backpapier zusammenfalten und auch die Enden einschlagen, damit die Rolle ganz eingeschlossen ist. Auf mittlerer Einschubleiste auf einem Ofenrost im vorgeheizten Ofen 1 Stunde backen.

Die fertige Rolle aus dem Ofen nehmen und 10 Minuten im Papier abkühlen lassen. Auswickeln, auf eine Servierplatte setzen und mit dem Zucker bestreuen. In Scheiben schneiden und warm mit Vanillesauce und Beeren servieren.

Filoteigtaschen
mit Sahnefüllung

ERGIBT 14 STÜCK **ZUBEREITUNG** 30 MINUTEN, PLUS KÜHL- UND EINWEICHZEIT **GAREN** 40 MINUTEN **SCHMECKEN FRISCH AM BESTEN**, SIND IM KÜHLSCHRANK ABER BIS ZU 24 STUNDEN HALTBAR

Für die Sahnefüllung

1,2 kg flüssige Schlagsahne

120 g gemahlener Reis oder Reismehl

100 g Zucker

Abrieb von 1 Bio-Orange

Für die Filoteigtaschen

300 g Filoteig

100 g Ghee oder Butter, zerlassen

Für den Sirup

200 g Zucker

Saft von 1 Bio-Orange mit Wasser auf 200 ml verdünnt

1 TL Orangenblütenwasser (aus dem Bio- oder Feinkostladen)

3 Kardamomkapseln, die Samen herausgelöst und zerstoßen

1 kleine Prise Safranfäden

Für die Dekoration

50 g Pistazienkerne, fein gehackt

Dies ist meine Version eines libanesischen Desserts. Filoteig wird mit gesüßter und angedickter Sahne gefüllt. Ich backe die Teigtaschen, bis sie super knusprig sind, als Ausgleich zur weichen Füllung. Und solange sie noch heiß sind, gieße ich den süß-herben Safransirup darüber.

Die Sahne in einen tiefen Topf füllen und auf hoher Stufe zum Kochen bringen. Die Temperatur auf mittlere Stufe reduzieren und die Sahne 10 Minuten dicklich einkochen lassen.

Die Temperatur auf niedrige Stufe reduzieren, den gemahlenen Reis unterrühren und 2–3 Minuten köcheln lassen, bis die Mischung weiter eingedickt ist. Sobald sie sich beim Rühren von den Seiten des Topfes löst, Zucker und Orangenabrieb untermischen. Auf einen flachen Teller gießen und verstreichen, damit sie so schnell wie möglich abkühlt.

Den Ofen auf 200 °C vorheizen und zwei Backbleche bereitstellen.

Die Filoteigblätter in der Mitte halbieren, sodass 14 quadratische Stücke entstehen. Jeweils einen gleichmäßigen Klecks der abgekühlten Sahnemasse in die Mitte setzen.

Den Filoteig jeweils nacheinander von allen Seiten über der Füllung zusammenfalten, sodass immer Kante auf Kante liegt und quadratische Teigtaschen mit 7 cm Ø entstehen.

Die Backbleche großzügig mit Ghee einfetten, die Teigtaschen mit der Nahtstelle nach unten darauflegen und mit Ghee bestreichen. Im vorgeheizten Ofen 15–20 Minuten kross backen.

Inzwischen den Sirup zubereiten: Zucker, verdünnten Orangensaft, Orangenblütenwasser, Kardamom und Safran in einem kleinen Topf vermischen und auf mittlerer Stufe zum Kochen bringen. Die Temperatur auf niedrige Stufe reduzieren und den Sirup 10 Minuten dicklich einkochen.

Die fertigen Teigtaschen auf einen Servierteller legen und den Sirup darübergießen. Etwa 30 Minuten ziehen lassen.

Die Teigtaschen können warm oder kalt genossen werden. Vor dem Servieren mit gehackten Pistazienkernen bestreuen.

Desserts

Schokoladen-kuchen mit flüssigem Kern

FÜR 4–5 PORTIONEN **ZUBEREITUNG** 15 MINUTEN
BACKEN 22 MINUTEN

100 g weiche Butter, plus mehr für die Form
2 EL Kakaopulver
100 g dunkle Schokolade, gehackt
2 Bio-Eier
2 Bio-Eigelb
120 g Zucker
100 g Mehl, gesiebt

Außerdem
Crème fraîche zum Servieren
Puderzucker zum Bestäuben

Wenn es euch nichts ausmacht, euren Nachtisch zu teilen, dann ist dieses Rezept das Richtige für euch. Kennt ihr diese warmen Schokoküchlein, die in der Mitte flüssig sind? So eines ist das, bloß in groß. Da keine einzelnen, kleinen Dessertförmchen verwendet werden, ist weniger abzuwaschen, weniger köstlich ist es aber nicht. Ich frage mich, ob dieses Dessert als eine Portion durchgehen kann, weil es ja nur in einer Form gebacken wird? Kann es alles »meins, meins, meins« sein? Der Kuchen wird am besten heiß serviert, mit einem Löffel kühlender Crème fraîche.

Den Ofen auf 180 °C vorheizen. Eine runde Kuchen- oder Pieform (23 cm Ø) sorgfältig mit Butter einfetten.

Die gefettete Form 5 Minuten im Gefrierschrank kühlen und dann innen vollständig mit Kakaopulver bestäuben. Im Kühlschrank aufbewahren, während der Teig zubereitet wird.

Dafür Butter und Zucker in einer Glasschüssel über einem heißen Wasserbad schmelzen (oder in der Mikrowelle auf niedriger Stufe in 30-Sekunden-Intervallen). Mehrmals umrühren. Sobald Butter und Schokolade vollständig geschmolzen sind, glatt rühren und abkühlen lassen.

In einer separaten Schüssel Eier, Eigelb und Zucker mit dem Schneebesen hell und schaumig aufschlagen. Mit dem Handrührgerät auf hoher Stufe dauert das etwa 2–3 Minuten. Die Schokoladen-Butter-Mischung unterrühren. Das Mehl sorgfältig unterheben.

Die Backform aus dem Kühlschrank nehmen, die Masse vorsichtig hineinfüllen und kurz abwarten, bis sie sich gleichmäßig in der Schüssel verteilt hat. Im vorgeheizten Ofen 17–18 Minuten backen. Wenn man leicht an der Form rüttelt, sollte der Kuchen in der Mitte noch puddingartig sein. Den Kuchen sofort auf eine Servierplatte stürzen.

Zum Servieren mit Puderzucker bestäuben, einen Klecks Crème fraîche hinzufügen und zulangen, solange der Kuchen noch heiß ist. Er muss sofort gegessen werden, weil die Masse weiter gart, wenn der Kuchen aus dem Ofen kommt, sodass die Mitte nach einiger Zeit nicht mehr flüssig ist – und das wollen wir nicht!

Apfel-Estragon-Auflauf aus dem Slowcooker

FÜR 6 PORTIONEN **ZUBEREITUNG** 25 MINUTEN
GARZEIT 5–6 STUNDEN IM SLOWCOOKER

Für die Apfelschicht

6 grüne Äpfel (am besten eine saure Sorte), geschält und Kerngehäuse entfernt, in feine Spalten geschnitten (ca. 500 g)

50 g Butter, zerlassen

25 g Zucker

1 kleine Handvoll frischer Estragon, Blätter abgezupft und fein gehackt

150 g frische oder TK-Brombeeren

1 Prise Salz

400 g Karamellsauce (aus der Flasche)

Für die Streusel

250 g Mehl

3 ½ TL Backpulver

250 g weiche Butter

250 g Zucker

1 TL Vanilleextrakt

1 TL Mandelextrakt (alternativ 1 Tropfen Bittermandelöl)

Zum Servieren

warme Vanillesauce siehe S. 118 – Tottenham Cake) oder Eiscreme

---

Ich mache diese Art von Dessert, wenn in meinem Ofen kein Platz für Nachtisch ist – was keinesfalls akzeptabel ist. Denn für Nachtisch ist immer Platz – im Herzen, in der Küche und auf den Tellern! Hier das perfekte Rezept für diese Situation: Apfelspalten, aufgepeppt mit frischem Estragon und bedeckt mit einer Streuselschicht, verwandeln sich wie von Zauberhand in einen unglaublich leckeren Nachtisch!

Die Apfelspalten auf dem Boden des Slowcookers verteilen. Die zerlassene Butter und den Zucker sorgfältig unterrühren. Den gehackten Estragon, die Brombeeren und eine Prise Salz unterheben.

Die Apfelschicht glätten, die Karamellsauce gleichmäßig darauf verteilen und mit dem Löffelrücken verstreichen.

In einer Schüssel Mehl, Backpulver und Butter zwischen den Fingerspitzen zu einem krümeligen Teig verreiben, sodass keine Mehleinschlüsse mehr zu sehen sind. Zucker, Vanille- und Mandelextrakt untermischen – per Hand oder in der Küchenmaschine. Mit einem Löffel gleichmäßig auf der Karamellschicht verteilen.

Die Schüssel in den Slowcooker setzen und darin auf niedriger Stufe 5–6 Stunden garen.

Den köstlichen Apfel-Karamell-Auflauf könnt ihr direkt aus der Schüssel servieren. Wir essen dazu gerne warme Vanillesauce und Eiscreme. Ganz oder gar nicht!

Schokoladen-Karamell-Flan

FÜR 10–12 PORTIONEN
ZUBEREITUNG 40 MINUTEN
BACKEN 1 STUNDE, PLUS KÜHLZEIT IM KÜHLSCHRANK BIS ZU 2 TAGE HALTBAR

Für den Boden
125 g salziger Karamellaufstrich

Für den Kuchenteig
150 g weiche Butter, plus mehr für die Form
190 g feiner Rohrohrzucker
1 Bio-Ei
1 EL Vanilleextrakt
200 g Mehl, gesiebt, plus mehr für die Form
30 g Kakaopulver
1 TL Natron
1 TL Backpulver
3 EL Instant-Kaffeepulver von guter Qualität
230 ml Vollmilch

Für die Crème Caramel
600 ml ungesüßte Kondensmilch
400 ml gesüßte Kondensmilch
4 Bio-Eier
1 TL Vanillepaste
1 Prise Salz

Für dieses clevere Dessert wird der Boden der Form mit einer Schicht Karamell bestrichen, darauf kommt Schokoladenkuchenteig und abschließend Crème Caramel. Beim Garen im Wasserbad sickert die Crème Caramel zum Karamell nach unten. Dadurch entsteht eine wunderbar weiche Karamellschicht, die nach dem Stürzen die Oberfläche bildet. Einfach magisch!

Den Ofen auf 180 °C vorheizen. Eine Gugelhupfform (23 cm Ø) einfetten. Eine tiefe Auflaufform bereitstellen, in der die Kuchenform Platz hat, und ein Küchentuch auf den Boden dieser Form legen.

Den Karamellaufstrich in der Mikrowelle etwa 20 Sekunden erwärmen, bis er flüssig ist. Vorsichtig auf den Boden der Kuchenform gießen (die Ränder der Form müssen sauber bleiben). Die Kuchenform vorsichtig auf die Arbeitsfläche stoßen, um den Karamell gleichmäßig zu verteilen.

Für den Kuchenteig Butter und Zucker hell und schaumig schlagen. Ei und Vanilleextrakt sorgfältig untermischen.

In einer separaten Schüssel Mehl, Kakaopulver, Natron und Backpulver vermischen.

Den Instant-Kaffee in einer kleinen Schüssel in ein paar Esslöffeln Milch anrühren und kurz in der Mikrowelle erhitzen, bis der Kaffee aufgelöst ist. Die übrige Milch unterrühren.

Ein Drittel der Mehlmischung auf die schaumige Butter-Ei-Masse sieben und mit einem großen Metalllöffel unterheben. Ein Drittel der Kaffeemilch unterrühren. Wiederholen, bis Mehl und Milch vollständig vermischt sind.

Den glatten Teig auf dem Salzkaramell in der Backform verteilen. Die Backform vorsichtig auf die Arbeitsfläche stoßen, um Luftbläschen aus dem Teig zu entfernen. Die Kuchenform in die Mitte der Auflaufform setzen.

Für die Crème Caramel beide Sorten Kondensmilch, Eier, Vanillemark und Salz glatt rühren. Auf den Kuchenteig gießen und glatt streichen.

Eine Kanne heißes Wasser bereitstellen. Die Auflaufform mit der Kuchenform in den Ofen schieben. Heißes Wasser auf das Küchentuch in der Auflaufform gießen und darauf achten, dass die Kuchenform zu mindestens zwei Dritteln im Wasser steht. Im vorgeheizten Ofen 1 Stunde backen. Die Ofentür in dieser Zeit nicht öffnen! Den fertig gebackenen Flan aus dem Ofen nehmen, 1 Stunde in der Form abkühlen lassen und anschließend auf einen Servierteller stürzen.

Desserts

Mit Eiscreme überbackene Croissants

weiche Butter, für die Form und zum Bestreichen der Croissants

4 große Croissants

170 g Orangenmarmelade (nach Belieben mit oder ohne Stückchen)

350 g Vanille-Eiscreme, angetaut

60 g dunkle Schokolade, gehackt

Puderzucker zum Bestäuben

FÜR 6 PORTIONEN **ZUBEREITUNG** 10 MINUTEN, PLUS 10 MINUTEN RUHEZEIT **BACKEN** 10–12 MINUTEN

Dieses Rezept basiert auf dem klassischen britischen Dessert Bread-and-Butter-Pudding (einem süßen Brotauflauf), statt Brot verwende ich allerdings Croissants, weil die so schön buttrig sind. Darauf kommt noch weitere Butter sowie Orangenmarmelade. Meine Version ist schneller als das traditionelle Rezept, weil ich Eiscreme verwende – nicht einfach dazu serviere, sondern als Zutat verwende! Traditionell wird Bread-and-Butter-Pudding mit Milch und Eiern zubereitet und Vanilleeiscreme schien mir die perfekte Abkürzung zu sein. Abschließend wird gehackte Schokolade darübergestreut – das vermutlich buttrigste und schnellste Dessert, das ihr je zubereitet habt.

Den Ofen auf 200 °C vorheizen. Eine mittelgroße Auflaufform großzügig mit Butter einfetten.

Die Croissants längs halbieren. Alle acht Scheiben zuerst dünn mit Butter und dann mit Orangenmarmelade bestreichen.

Die Croissantscheiben nebeneinander in die Auflaufform legen. Die Eiscreme in unregelmäßigen Abständen daraufsetzen. Etwa 10 Minuten warten, bis sie zu schmelzen beginnt.

Mit Schokolade bestreuen. Im vorgeheizten Ofen 10–12 Minuten backen. Mit Puderzucker bestäuben und schon ist das Dessert fertig.

Chai-Chia-Pudding

60 g Chiasamen
400 ml Haselnussmilch
3 EL Masala-Chai-Gewürzmischung (siehe S. 164)
2 EL Ahornsirup, plus mehr zum Beträufeln
1 Mango, gewürfelt (ca. 350 g)
200 g Mangomark (alternativ Mangofruchtfleisch pürieren)
200 g griechischer Joghurt
40 g geröstete gehackte Haselnusskerne

FÜR 4 PORTIONEN   ZUBEREITUNG 15 MINUTEN, PLUS EINWEICHZEIT

Chiasamen sind nicht nur was fürs Frühstück – sie machen sich auch in Desserts gut. Wenn man sie in Nussmilch einweicht, entsteht ein dicker, cremiger Pudding. Meine Version ist dank der Chai-Gewürzmischung köstlich aromatisch und wird mit gewürfelter Mango, Joghurt, Ahornsirup und gerösteten Haselnusskernen serviert. Außerdem sage ich gerne »Chai-Chia«. Kommt schon, probiert es auch mal – es geht leicht von der Zunge!

Ein super einfaches Dessert! Chiasamen und Haselnussmilch in einer Schüssel sorgfältig verrühren. Masala-Chai-Gewürzmischung und Ahornsirup hinzufügen.

Mit Frischhaltefolie abdecken und mindestens 4 Stunden ziehen lassen, um die Chiasamen vollständig einzuweichen (nichts ist schlimmer als harte, unvollständig eingeweichte Chiasamen). Statt Schüssel und Frischhaltefolie könnt ihr übrigens auch eine Frischhaltebox mit Deckel verwenden.

Wenn die Chiasamen eingeweicht und aufgequollen sind, die gewürfelte Mango unterheben. Wenn ihr den Pudding zum Frühstück essen möchtet, bereitet ihn am Vorabend zu. Falls ihr ihn zum Mittag- oder Abendessen als Nachtisch essen möchtet, macht ihn am besten zur Frühstückszeit.

Vier Einmachgläser oder Dessertgläser bereitstellen. Das Mango-Püree gleichmäßig darauf verteilen, dann den Chia-Pudding hineingeben. Einen Klecks Joghurt auf jede Portion setzen, mit Ahornsirup beträufeln und ein paar geröstete Haselnusskerne darüberstreuen. Schon kann der Pudding serviert werden.

Tottenham-Cake
mit Vanillesauce

ERGIBT 24 KLEINE QUADRATISCHE STÜCKE UND
1 LITER SAUCE **ZUBEREITUNG** 35 MINUTEN
BACKEN 45 MINUTEN, PLUS KÜHLZEIT
LUFTDICHT VERPACKT 3 TAGE HALTBAR (DIE
VANILLESAUCE IM KÜHLSCHRANK BIS ZU 3 TAGE)

Dieser Kuchen wurde im Jahr 1901 erfunden – in Tottenham. Ursprünglich war das ein Biskuitboden mit rosa Glasur, der mit Maulbeeren eingefärbt wurde. Nun würde ich gerne behaupten, dass meine erste Erfahrung mit diesem geschichtsträchtigen Kuchen von meiner Wissbegier in Sachen Geschichte des Backens angetrieben worden wäre, aber so ist es leider nicht. Diesen Kuchen kenne ich vom Schulessen: einfach, köstlich und süß – getränkt in heißer Vanillesauce. Ich hatte ihn ganz vergessen, bis er mir vor einiger Zeit in einer Bäckerei-Kette wieder ins Auge fiel. Ohne dafür in der Reihe warten oder Teenager abwehren zu müssen, übte er allerdings weniger Reiz aus. Was ich da kaufte, wurde meiner Erinnerung auch nicht gerecht, daher wollte ich diesen Kuchen selbst backen. Und dies ist das Ergebnis. Um Missverständnisse zu vermeiden: Wenn ich besonders viel zu tun habe, esse ich die Version vom Bäcker auch schon mal gerne.

Für den Kuchen

250 g weiche Butter, plus mehr für die Form
200 g Zucker
4 Bio-Eier
1 TL Vanilleextrakt
1 TL Mandelextrakt (alternativ 1 Tropfen Bittermandelöl)
300 g Mehl, gesiebt
5 TL Backpulver
4 EL Vollmilch

Für die Glasur

100 g frische Himbeeren
350 g Puderzucker, gesiebt

Für die Vanillesauce

200 g flüssige Schlagsahne
700 ml Vollmilch
4 Bio-Eigelb
3 EL Maisstärke
100 g Zucker
1 TL Vanilleextrakt
2 TL Mandelextrakt (alternativ 2 Tropfen Bittermandelöl)

Den Ofen auf 180 °C vorheizen und eine rechteckige Backform (30 x 20 cm) mit Backpapier auslegen und einfetten.

Butter und Zucker in einer Schüssel mit dem Handrührgerät hell und schaumig aufschlagen. Die Eier nacheinander sorgfältig unterrühren. Vanille- und Mandelextrakt, Mehl, Backpulver sowie Milch hinzufügen und alles gründlich mischen, sodass keine Mehleinschlüsse entstehen. Den Teig in die vorbereitete Form füllen, die Oberfläche glatt streichen und im vorgeheizten Ofen 30–35 Minuten backen, bis bei der Garprobe ein Holzstäbchen beim Herausziehen sauber bleibt. In der Form vollständig abkühlen lassen.

Für die Glasur die Himbeeren mit einer Gabel vollständig zerdrücken. Den Puderzucker unterrühren, bis eine glatte, rosafarbene Glasur entstanden ist, die wunderbar nach Himbeeren duftet.

Den abgekühlten Kuchen auf einen Servierteller stürzen und mit der Glasur überziehen.

Jetzt die Vanillesauce zubereiten: Sahne und Milch in einen Topf gießen und zum Kochen bringen. Vom Herd nehmen.

In einer Schüssel Eigelb, Maisstärke, Zucker, Vanille- und Mandelextrakt glatt rühren. Die heiße Milch-Sahne-Mischung unter ständigem Rühren mit dem Schneebesen allmählich hinzufügen. Sobald die Milch vollständig untergerührt wurde, die Mischung zurück in den Topf gießen und wieder auf den Herd stellen. Auf schwacher bis mittlerer Stufe unter ständigem Rühren die Vanillesauce dicklich einkochen. Vom Herd nehmen und in eine Sauciere füllen.

Jetzt könnt ihr den weichen Kuchen mit süßer Glasur genießen, und mit viel heißer Vanillesauce natürlich. Wie zu Schulzeiten!

Fünftes Kapitel

GEBÄCK FÜR FEIERLICHE ANLÄSSE

Mango-Kokos-Torte mit Buttercremefüllung

FÜR 8–10 PORTIONEN **ZUBEREITUNG** 35 MINUTEN, PLUS KÜHLZEIT **BACKEN** 45 MINUTEN

Für die Torte

Butter für die Form
50 g Kokosraspel
1 Mango, geschält und längs in feine Scheiben geschnitten
400 g griechischer Joghurt
300 g Zucker
7 Bio-Eier, leicht verquirlt
400 g Mehl
6 TL Backpulver
1 Prise Salz

Für die Buttercreme

150 ml Vollmilch
100 g Zucker
3 Bio-Eigelb
1 EL Maisstärke
350 g Butter, zimmerwarm
½ TL Vanilleextrakt

Für die Garnitur

25 g Kokosflocken oder Kokosraspel, geröstet
150 g Mangomark (alternativ Mangofruchtfleisch pürieren)

Zum Servieren

griechischer Joghurt und Mangomark

Was Geschmacksrichtungen betrifft, geht es für mich nicht traditioneller. Es ist der Geschmack, mit dem ich aufgewachsen bin – obwohl es Mango in Gerichten gab, getrocknet oder frisch bei sonnigem Wetter im Schatten eines Baumes genossen, wurde sie niemals für Kuchen verwendet. Das Gleiche galt für Kokosnuss. Wenn sie nicht getrocknet gegessen wurde, wurde sie gedünstet oder frisch geerntet gegessen, das süße Wasser getrunken und das junge Fruchtfleisch herausgeschabt – aber niemals in Gebäck verarbeitet. Also lasst uns das in Ordnung bringen und all die wunderbaren Zutaten in einer Torte kombinieren, ok?

Den Ofen auf 180 °C vorheizen und den Boden von zwei runden Kuchenformen mit je 20 cm Ø mit Backpapier auslegen.

Die Kokosraspel in einer kleinen Pfanne ohne Fett goldbraun rösten und gleichmäßig auf den Boden der beiden Formen verteilen. Das Rösten verbessert den Geschmack (ungeröstete Kokosraspel unterscheiden sich kaum von dem Sägemehl, mit dem ich den Hasenstall auslege). Die Mangoscheiben möglichst nebeneinander auf die Kokosraspel legen.

Die Zubereitung des Kuchenteigs ist super easy: Einfach in einer großen Schüssel Joghurt, Eier, Mehl, Backpulver und Salz glatt rühren, sodass keine Mehleinschlüsse zurückbleiben.

→

Den Teig gleichmäßig in den beiden Formen verteilen und diese jeweils leicht auf die Arbeitsfläche stoßen, damit er sich darin verteilt. Im vorgeheizten Ofen 40–45 Minuten goldbraun backen, bis bei einer Garprobe das Holzstäbchen beim Herausziehen sauber bleibt. Die fertig gebackenen Böden 15 Minuten in den Formen abkühlen lassen, dann zum vollständigen Abkühlen auf ein Kuchengitter stürzen.

Inzwischen die Buttercreme zubereiten: Milch und Zucker in einem Topf vermischen und zum Kochen bringen. Sofort vom Herd nehmen und umrühren, damit sich der Zucker vollständig auflöst.

In einer Schüssel Eigelb und Maisstärke mit dem Schneebesen glatt rühren. Die heiße Milch nach und nach unterrühren. Die Mischung zurück in den Topf gießen und unter ständigem Rühren dicklich einkochen. Diese Creme in eine große Schüssel füllen, die Oberfläche direkt mit Frischhaltefolie abdecken und abkühlen lassen. Dann in den Kühlschrank stellen.

Die gekühlte Creme mit dem Handrührgerät aufschlagen. Die Butter esslöffelweise hinzufügen und jedes Mal vollständig unterrühren. Weiter aufschlagen, bis eine steife Buttercreme entstanden ist, die sich gut spritzen lässt. In einen Spritzbeutel füllen.

Einen Kuchenboden mit der Fruchtseite nach oben auf eine Servierplatte setzen. Am Rand rundum rosettenförmig Buttercreme aufspritzen, dann ebenfalls auf der Kuchenmitte, sodass die Oberfläche vollständig bedeckt ist. Den zweiten Kuchenboden daraufsetzen und auf der Oberseite Rosetten von Buttercreme mit leichtem Abstand aufspritzen. Den Rest der Oberseite frei lassen.

Das Mangomark auf die Kuchenmitte gießen, sodass etwas an den Seiten heruntertropft. Mit gerösteten Kokosraspeln garnieren und dazu griechischen Joghurt servieren.

Gebäck für feierliche Anlässe

Honig-Torte
mit gesalzenen Haselnüssen

FÜR 10 PORTIONEN **ZUBEREITUNG** 1 STUNDE, PLUS KÜHLZEIT **BACKEN** 26–28 MINUTEN (WENN MAN IN VIER ETAPPEN JE ZWEI TORTENBÖDEN BACKT)

Für die Tortenböden
80 g Butter
270 g flüssiger Honig
120 g feiner Rohrohrzucker
2 Bio-Eier, leicht verquirlt
1 TL Natron
500 g Mehl, plus mehr zum Bestäuben

Für die Füllung
600 g saure Sahne
80 g Puderzucker
250 g flüssige Schlagsahne
65 g flüssiger Honig
1 TL Vanillemark

Für die Garnitur
100 g geröstete gehackte Haselnusskerne
½ TL Salz
frische Beeren

Was wie eine Torte aussieht, besteht tatsächlich aus keksartigen Kuchenböden mit Honig und brauner Butter, die mit leicht säuerlicher, süßer Sahne bestrichen und dann aufeinandergeschichtet werden. Sieht wie eine Torte aus, wird in Tortenstücke geschnitten und von mir daher auch so genannt. Die genaue Definition ist mir auch ehrlich gesagt nicht so wichtig – Hauptsache, es schmeckt lecker.

Die Butter in einem kleinen Topf zerlassen und zum Kochen bringen. Die Temperatur reduzieren und die Butter köcheln lassen, bis sie bräunt. Sobald die kleinen Flocken aus Milchfeststoffen braun werden, den Topf vom Herd nehmen. Honig und Zucker unterrühren, bis der Zucker geschmolzen ist. In eine große Form füllen und 15 Minuten abkühlen lassen.

Die Eier sorgfältig unter die gebräunte Butter rühren. Natron und Mehl hinzufügen und alles zu einem glatten Teig vermengen. Mindestens 2 Stunden im Kühlschrank ruhen lassen.

Den Teig zu einer Rolle formen und in acht gleichmäßige Stücke schneiden. Wenn ihr exakt arbeiten möchtet, könnt ihr die Stücke abwiegen. Arbeitsfläche und Hände großzügig mit Mehl bestäuben und die acht Teigstücke zu Kugeln formen.

Zwei Backbleche mit Backpapier auslegen und den Ofen auf 180 °C vorheizen. Eine runde Schablone (18 cm Ø) bereitstellen (z. B. einen Teller oder eine Kuchenform).

Eine Teigkugel mit Mehl bestäuben und zwischen zwei Lagen Backpapier 3 mm dick ausrollen. Mithilfe der Schablone einen Kreis ausschneiden. Teigreste beiseitelegen. Mit den anderen sieben Teigkugeln wiederholen.

Die Teigkreise mit Abstand auf die Backbleche legen (nicht zu dicht) und im vorgeheizten Ofen 5 Minuten backen. Zum Abkühlen auf ein Kuchengitter gleiten lassen, sobald sie aus dem Ofen kommen, und die nächsten Teigkreise backen.

Die Teigreste gleichmäßig auf den beiden Backblechen verteilen und 6–8 Minuten goldbraun und kross backen. Beiseitelegen.

Für die Füllung saure Sahne und Puderzucker glatt rühren. Die Schlagsahne in einer separaten Schüssel locker steif schlagen. Saure Sahne, Honig und Vanilleextrakt unterheben.

Diese Torte setzt man am besten direkt auf einer Servierplatte (welche in den Kühlschrank passen sollte) zusammen. Den ersten Boden mit etwas Sahne auf der Servierplatte befestigen. Etwa 5 EL Sahnemischung daraufgeben und gleichmäßig verstreichen. Mit dem nächsten Boden und mehr Sahne wiederholen, bis alle Böden aufgebraucht sind.

Es sollte ausreichend Sahne übrig sein, um Seite und Oberflächen vollständig damit zu überziehen – also macht genau das (es muss nicht perfekt sein).

Die gebackenen Teigabschnitte in der Küchenmaschine zu feinen Streuseln verarbeiten. Haselnusskerne und Salz untermischen.

Ich verwende immer eine Schablone, damit ein Herz frei bleibt, wenn ich die Streusel auf die Torte streue, ihr könnt aber auch eine andere Form verwenden – sogar eine Tortenspitze, falls ihr die da habt oder wisst, was das ist. Falls ihr keine Schablone verwenden möchtet, markiert einfach als Orientierung mit einem Tafelmesser ein Herz (oder eine andere Form) auf den Sahneüberzug.

Die Streusel nun vorsichtig rund um die Seiten der Torte und auf der Oberfläche verteilen und leicht andrücken. Die Schablone nun gegebenenfalls entfernen. Eventuell müsst ihr mehr Sahneüberzug auf die Torte spritzen, damit die Ränder schön gleichmäßig sind. Im Kühlschrank ruhen und fest werden lassen.

Mit frischen Beeren servieren.

Hot Cross Buns
mit Beerenfüllung

ERGIBT 15 STÜCK **ZUBEREITUNG** 40 MINUTEN, PLUS RUHEZEIT **GAREN** 20 MINUTEN
SCHMECKEN FRISCH AM BESTEN

Für den Teig
300 ml Vollmilch
50 g Butter
500 g Weizenmehl (Type 550), plus mehr zum Bestäuben
75 g Zucker
1 TL Salz
7 g Trockenhefe
1 Bio-Eigelb, leicht verquirlt
Pflanzenöl zum Einfetten
75 g getrocknete Cranberrys, grob gehackt
50 g gefriergetrocknete Blaubeeren, grob gehackt
Abrieb von 1 Bio-Orange

Für die Kreuz-Glasur
10 g gefriergetrocknete Erdbeeren oder Himbeeren
75 g Mehl, gesiebt

Für Füllung und Überzug
300 g Beerenkonfitüre (z.B. Erdbeeren, Himbeeren) ohne Kerne
3 EL Golden Syrup (alternativ Zuckerrübensirup)

Ich muss zugeben, dass mir als Kind Hot Cross Buns – süße Hefebrötchen mit Rosinen, die es in Großbritannien traditionell zur Osterzeit gibt – nicht besonders gut schmeckten. Meine Eltern kauften sie sowieso nur selten, aber um Ostern gab es sie immer bei uns in der Schule und ich mochte den Geschmack nicht. Auch heute gehören sie nicht zu meinen Favoriten, doch je weniger Butter mein Körper braucht, umso mehr Lust habe ich darauf. Dieses Rezept ist für mich eine Verbesserung der traditionellen Hot Cross Buns, denn der Teig ist dank der vielen Beeren besonders fruchtig, und die Brötchen müssen auch nicht halbiert und getoastet werden, weil sie bereits zum Bersten mit Konfitüre gefüllt sind. Das rosa Kreuz, mit dem sie dekoriert sind, ist sozusagen die Krönung!

Mit dem Teig beginnen. Milch und Butter in einem kleinen Topf sanft erhitzen, bis die Butter geschmolzen ist. Den Topf vom Herd nehmen.

Das Mehl in eine große Schüssel geben und den Zucker untermischen. Das Salz auf eine Seite der Mischung geben, die Hefe auf die andere Seite.

Eine Mulde in die Mitte formen, das Ei und die warme Milch hinzufügen und mit einem Kochlöffel untermischen. Die Zutaten mit den Händen zu einem Teig verkneten.

Den Teig auf der leicht bemehlten Arbeitsfläche kneten, bis er glatt und elastisch ist. Das braucht etwa 10 Minuten und Muskelkraft. Alternativ könnt ihr den Teig auch in der Standküchenmaschine mit dem Knethaken bearbeiten – auf mittlerer Stufe dauert das etwa 6 Minuten. Den Teig zu einer Kugel formen, in eine leicht gefettete Schüssel legen und abgedeckt mit Frischhaltefolie gehen lassen, bis er sein Volumen verdoppelt hat.

Ein großes Backblech oder zwei kleinere Bleche mit Backpapier auslegen. Den Teig auf der leicht bemehlten Arbeitsfläche kurz und kräftig durchkneten und kreisförmig ausbreiten. Cranberrys, Blaubeeren und Orangenabrieb daraufstreuen und sorgfältig unter den Teig kneten.

Den Teig nun in 15 gleich große Portionen teilen und diese jeweils auf der Arbeitsfläche zu Kugeln mit glatter Oberfläche hin und her rollen. Diese mit je 3 cm Abstand auf das vorbereitete Blech setzen, damit sie Platz zum Aufgehen haben. Bedeckt mit leicht eingeölter Frischhaltefolie an einem warmen Ort gehen lassen, bis sie ihr Volumen verdoppelt haben.

Den Ofen auf 200 °C vorheizen.

Die Glasur für die Kreuze vorbereiten: Die gefriergetrockneten Beeren im Mörser fein zerstoßen oder in der Küchenmaschine zu feinem rosa Staub hacken. In einer kleinen Schüssel unter das Mehl mischen und 90 ml Wasser unterrühren, bis eine dickflüssige, glatte Paste entstanden ist. In einen Spritzbeutel füllen. Die aufgegangenen Teiglinge aus der Frischhaltefolie nehmen und mit der rosa Paste jeweils ein Kreuz auf die Oberfläche spritzen.

Die Brötchen im vorgeheizten Ofen 18–20 Minuten backen. Sobald die Oberfläche goldbraun ist und nachgibt, wenn man sanft daraufdrückt, aus dem Ofen nehmen und auf einem Kuchengitter abkühlen lassen. Mit dem Stiel eines Teelöffels oder Tafelmessers ein Loch in die Seite von jedem Brötchen stechen (etwa bis zur Mitte, auf keinen Fall komplett durchstechen).

Die Konfitüre in einen mit feiner Lochtülle ausgestatteten Spritzbeutel füllen und in die Brötchen spritzen. Wenn die Brötchen ausreichend gefüllt sind, wird der Spritzbeutel wie von selbst herausgedrückt. Die Brötchen zurück auf das Kuchengitter setzen. Den Golden Syrup in einem Topf sanft erhitzen, damit er flüssig wird, und die Oberfläche der Brötchen damit überziehen, sodass sie schön klebrig und glänzend ist. Gefüllt, fruchtig und fertig!

Zitroniger Früchtekuchen

FÜR 12–14 PORTIONEN   **ZUBEREITUNG** 50 MINUTEN
BACKEN 1 ¾ STUNDEN

Für den Kuchen

Abrieb und Saft von ½ Bio-Grapefruit

Abrieb und Saft von 1 Bio-Orange

Abrieb und Saft von 1 Bio-Zitrone

Abrieb und Saft von 1 Bio-Limette

etwas Orangensaft aus der Packung (nach Bedarf)

250 g Datteln, Stein entfernt, gehackt

100 g Orangeat und Zitronat

100 g Belegkirschen, gehackt

400 g Korinthen

1 große, sehr reife Banane, geschält und Fruchtfleisch zerdrückt

4 Bio-Eier

230 g weiche Butter, plus mehr für die Form

2 EL Vollmilch

300 g Mehl, gesiebt

2 TL Lebkuchengewürz

1 TL Backpulver

Außerdem

4 EL Aprikosenkonfitüre

500 g Marzipanrohmasse

Puderzucker zum Bestäuben

500 g weißer Rollfondant

Früchtekuchen wie dieser erinnern mich immer an die Schulzeit. In unserer Schule gab es eine abgespeckte Version, mit nur sehr wenig Trockenfrüchten – für unsere südostasiatischen Gaumen, von denen vielleicht angenommen wurde, dass sie mit all den Aromen des »Westens« nicht zurechtkommen würden. Der Kuchen war köstlich, aber ich konnte nie verstehen, warum er nicht so viele Trockenfrüchte enthielt, wie die Exemplare, die ich aus dem Fernsehen kannte. Ich liebe Trockenfrüchtekuchen wie diesen, einfach in Scheiben geschnitten, mit Käse oder Vanillesauce. Meine Version ist zitronig-frisch, hat die Süße der Trockenfrüchte und Datteln und ist frei von raffiniertem Zucker. Den braucht es auch wirklich nicht, denn der Kuchen ist so köstlich genug. Wenn ihr möchtet, könnt ihr ihn noch mit Marzipan und Rollfondant überziehen – vor allem, wenn ihr ihn zu einem besonderen Anlass oder für Weihnachten zubereitet. Aber auch, wenn er einfach nur für euch ist – denn Früchtekuchen sind nicht nur für Weihnachten und Hochzeiten geeignet.

Den Ofen auf 160 °C vorheizen und eine Springform (23 cm Ø) einfetten. Boden und Seiten der Form mit Backpapier auslegen. Das Backpapier einfetten und überstehendes Papier gegebenenfalls sauber abschneiden.

Den Abrieb von Grapefruit, Orange, Zitrone und Limette in eine große Schüssel geben. Den Saft der Zitrusfrüchte in einen Messbecher gießen. Es werden 200 ml Saft benötigt. Falls euer Obst nicht ausreichend hergibt, füllt ihn einfach mit Orangensaft auf 200 ml auf.

Datteln, Orangeat und Zitronat, Belegkirschen und Korinthen zur Zitrusschale geben. Den Saft dazugießen und sorgfältig mischen, sodass die Trockenfrüchte gleichmäßig benetzt sind. Die zerdrückte Banane unterrühren.

In einer separaten Schüssel Eier und Butter glatt rühren. Milch, Mehl, Lebkuchengewürz und Backpulver untermischen, bis ein glatter Teig entstanden ist. Eventuell sieht der leicht geronnen aus, aber das macht nichts – er wird gut backen.

Die Fruchtmischung sorgfältig unter den Teig heben. In die vorbereitete Form füllen und die Oberfläche glatt streichen. Die Kuchenform mit einem großen Stück Alufolie abdecken und die Folie rund um den Rand andrücken. Im vorgeheizten Ofen auf mittlerer Einschubleiste 1 Stunde backen.

Nach einer Stunde den Kuchen aus dem Ofen nehmen, die Alufolie entfernen und den Kuchen nochmals 30–45 Minuten backen, bis er goldbraun ist und sich die Oberfläche fest anfühlt. Bei einer Garprobe sollte das Holzstäbchen sauber bleiben. Den Kuchen in der Form auf einem Kuchengitter 30 Minuten abkühlen lassen, dann aus der Form lösen und auf dem Kuchengitter vollständig abkühlen lassen.

Falls ihr den Kuchen dekorieren möchtet, wartet, bis er vollständig abgekühlt ist. Die Konfitüre in einem kleinen Topf erwärmen und die Kuchenoberfläche damit bestreichen.

Das Marzipan auf der leicht mit Puderzucker bestäubten Arbeitsfläche 5 mm dick ausrollen, um die Kuchenoberfläche damit zu bedecken. Die Kuchenform als Schablone benutzen und einen perfekten Kreis ausschneiden. Den Marzipankreis sauber auf den aprikotierten Kuchen legen und mit der Handfläche glatt streichen.

Die Marzipandecke mit Aprikosenkonfitüre bestreichen. Den Fondant ausrollen und wie das Marzipan zurechtschneiden. Den Kuchen damit abdecken und den Fondant sanft andrücken, damit er am Marzipan haftet.

Die Oberfläche nach Belieben mit Marzipan- und Fondantresten dekorieren. Ich mache es mir gerne leicht und dekoriere den Rand einfach, indem ich mit dem Ende eines Tafelmessergriffs rundherum ein Wellenmuster in den Fondant drücke.

Gebäck für feierliche Anlässe

Cupcake-Torte

ERGIBT 24 PORTIONEN **ZUBEREITUNG** 1 ½ STUNDEN
BACKEN 40 MINUTEN

Für die Schweizer Buttercreme
250 g Eiweiß
350 g Zucker
600 g weiche Butter

Für den Schokoladen-Salzkaramell
170 g feiner Rohrohrzucker
50 g weiche Butter
½ TL Salz
150 g flüssige Schlagsahne
200 g dunkle Schokolade, gehackt

Für die Cupcakes
250 g weiche Butter
250 g Zucker
4 Bio-Eier, leicht verquirlt
1 Prise Salz
250 g Mehl, gesiebt
3 ½ TL Backpulver
6 EL Kakaopulver
75 ml Vollmilch

Außerdem
15 Marshmallows
Belegkirschen
bunte Zuckerstreusel

Diese Torte kann so groß oder klein sein, wie ihr möchtet. Mir gefällt daran besonders, dass nichts geschnitten oder angerichtet werden muss, da die Torte einfach aus Cupcakes besteht, die mit Schokoladen-Salzkaramell gefüllt, dicht nebeneinandergestellt und dann mit köstlicher Buttercreme wie eine Torte überzogen werden.

Zunächst die Schweizer Buttercreme zubereiten: Eiweiß und Zucker in einer großen Schüssel sorgfältig verrühren.

Einen Topf, auf den die Schüssel gut passt, etwa 4 cm hoch mit Wasser füllen und dieses auf hoher Stufe zum Kochen bringen. Die Temperatur auf mittlere Stufe reduzieren und den Topf mit einem Küchentuch abdecken (ohne dass es das Wasser berührt). Das Küchentuch soll eine Art Hängematte für die Schüssel sein. Die Schüssel hineinsetzen und die Eiweiß-Zucker-Mischung unter ständigem Rühren 15–20 Minuten erhitzen. Ziel ist es, dass die Mischung eine Temperatur von etwa 72 °C erreicht und der Zucker sich vollständig auflöst – ihr braucht also ein Thermometer.

Sobald die Mischung die richtige Temperatur hat, das Eiweiß in die Schüssel der Standküchenmaschine umfüllen. Mit dem Schneebesen auf hoher Stufe 10–15 Minuten aufschlagen, bis die Schüssel kalt ist und ein steifer Eischnee entstanden ist.

Nun das Rührelement einsetzen. Ein etwa 5 cm großes Stück Butter in den Eischnee geben und sorgfältig untermischen. Das nächste Stück hinzufügen, untermischen und den Vorgang wiederholen, bis die

→

Butter vollständig aufgebraucht ist. Die Mischung ist zunächst flüssig, doch nach 5–10 Minuten Rühren entsteht eine dickliche, glatte Masse, die sich gut mit dem Löffel portionieren lässt. Falls die Buttercreme nach 10 Minuten immer noch flüssig ist, lasst sie einfach 2 Stunden im Kühlschrank ruhen und schlagt sie dann erneut mit dem Rührelement auf. Dann sollte sie angedickt sein und sich gut spritzen lassen. Bis zur Weiterverarbeitung in den Kühlschrank stellen.

Für den Karamell Zucker und Butter in einem Topf erhitzen, bis die Butter geschmolzen und der Zucker aufgelöst ist. Zum Kochen bringen, vom Herd nehmen und Salz und Sahne unterrühren. Den Topf zurück auf den Herd stellen und den Karamell 3 Minuten köcheln lassen, bis er sämig ist und sich Blasen an der Oberfläche bilden. Die Schokolade in einer Schüssel bereitstellen. Den heißen Karamell über die Schokolade gießen und umrühren, bis sie vollständig geschmolzen ist. Beiseitestellen und abkühlen lassen.

Die Cupcakes zubereiten. Zwei Muffinbleche mit 12 Mulden bereitstellen und Cupcake-Papierförmchen in die Vertiefungen setzen. Den Ofen auf 190 °C vorheizen und zwei Ofenroste hineinschieben.

Butter und Zucker in einer Schüssel hell und schaumig aufschlagen. Die Eier nacheinander untermischen, dann Salz, Mehl, Backpulver und Kakaopulver. Wenn die Masse glatt ist und keine Mehlklumpen mehr zu sehen sind, die Milch unterrühren.

Den Teig gleichmäßig auf die Papierförmchen verteilen und die Muffinbleche kurz und kräftig auf die

Arbeitsfläche stoßen, damit sich der Teig gleichmäßig darin verteilt. Im vorgeheizten Ofen 15 Minuten backen.

Aus dem Ofen nehmen und 10 Minuten in den Blechen abkühlen lassen. Die Cupcakes dann herausnehmen und auf einem Kuchengitter vollständig abkühlen lassen. Sobald sie abgekühlt sind (das dauert nicht lange), mit einem Apfelentkerner jeweils ein Stück aus der Mitte der Cupcakes herausstechen (aber nicht ganz bis auf den Boden) und beiseitelegen.

Den Karamell in einen Spritzbeutel füllen und in die Löcher füllen. Mit der abgerundeten Oberseite der herausgestochenen Kuchenstücke die Löcher abdecken (den Rest könnt ihr naschen).

Eine große, rechteckige Servierplatte bereitstellen. Die Cupcakes aus den Papierförmchen lösen und in vier Reihen à sechs Stück nebeneinander auf die Platte setzen, sodass ein Rechteck entsteht. Mit ein klein wenig Buttercreme am Boden befestigen.

In die Lücken zwischen den Cupcakes jeweils einen Marshmallow stecken. Die Buttercreme gleichmäßig auf den Cupcakes verteilen und dann mit einer Winkelpalette verstreichen, wie zum Überziehen einer Torte. Die Seiten ebenfalls mit Buttercreme überziehen, dann die Oberfläche und die Seiten glätten, sodass saubere Kanten entstehen. Die restliche Buttercreme in einen Spritzbeutel füllen und in kleine Rosetten rund um den Rand spritzen. Jeweils eine Belegkirsche daraufsetzen und die Oberfläche mit Zuckerstreuseln garnieren. Jetzt braucht ihr nur noch Kerzen und 24 Esser!

Cola-Torte

FÜR 9–12 PORTIONEN
ZUBEREITUNG 40 MINUTEN
BACKEN 55 MINUTEN
IM KÜHLSCHRANK 2 TAGE HALTBAR

Für den Kuchenboden
Butter für die Form
220 g Mehl, gesiebt
220 g Zucker
90 g Kakaopulver, gesiebt
1½ TL Backpulver
1½ TL Natron
2 TL Instant-Espressopulver oder Kaffeepulver von hoher Qualität
250 ml Vollmilch
2 Bio-Eier
125 ml Pflanzenöl
250 ml Cola

Für den Karamell
400 ml Cola
1 EL Vollrohrzucker
1 EL frisch gepresster Limettensaft
30 g Butter
150 g flüssige Schlagsahne
1 Prise gemahlener Zimt

Für die Buttercreme
100 g Pflanzenfett, zimmerwarm
100 g Frischkäse (Doppelrahmstufe)
400 g Puderzucker, gesiebt
1 TL Vanilleextrakt

Ich bin kein großer Fan von Cola als Getränk, weil mein Körper einfach nicht mit der Kohlensäure zurechtkommt – den Geschmack an sich finde ich gut. Es gibt nichts Schlimmeres, als mitten in einem Meeting oder beim Gespräch am Schultor aufstoßen zu müssen. Also habe ich mir eine andere Verwendungsmöglichkeit für Cola überlegt und nutze sie einfach in diesem Kuchenrezept.

Den Ofen auf 180 °C vorheizen und eine 24 cm große, quadratische Backform mit Backpapier auslegen und einfetten.

Mehl, Zucker, Kakaopulver, Backpulver, Natron und Espressopulver in einer großen Schüssel sorgfältig glatt rühren.

In einer Schüssel Milch, Eier und Öl verquirlen. Diese flüssigen unter die trockenen Zutaten mischen. Die Cola mit dem Schneebesen unterrühren, bis eine relativ flüssige Masse entstanden ist. In die vorbereitete Backform füllen und auf mittlerer Einschubleiste 55 Minuten backen.

Inzwischen den Karamell zubereiten: Die Cola in einem kleinen Topf zum Kochen bringen. Sobald sie kocht, die Temperatur reduzieren und 18–20 Minuten sanft köcheln lassen, bis sie reduziert ist.

Vom Herd nehmen und Zucker, Limettensaft und Butter hinzufügen. Umrühren, bis die Butter vollständig geschmolzen ist. Sahne und Zimt unterrühren. Keine Sorge, falls die Masse andickt. Sie wird beim Erhitzen wieder flüssig. Zurück auf den Herd stellen und 5–10 Minuten unter ständigem Rühren sanft köcheln lassen, bis ein wunderbar dunkler Karamell entstanden ist. Beiseitestellen.

Den Kuchen 10 Minuten in der Form abkühlen lassen und dann zum vollständigen Abkühlen auf ein Kuchengitter stürzen.

Für die Buttercreme Pflanzenfett und Frischkäse in einer Schüssel glatt rühren. Den Puderzucker esslöffelweise mit dem Schneebesen untermischen. Das muss allmählich geschehen, damit der Zucker sich vollständig auflöst, sonst wird die Buttercreme körnig. Den Vanilleextrakt hinzufügen.

Die Buttercreme in einen Spritzbeutel füllen und in Wellen oder Spitzen, geraden Reihen oder Wirbeln auf den Kuchen spritzen – ganz nach Belieben. Den abgekühlten Karamell großzügig darüberträufeln und schon ist die Torte fertig.

Ricotta-Marmorkuchen
mit Birnen

FÜR 12 PORTIONEN   **ZUBEREITUNG** 25 MINUTEN
BACKEN 40 MINUTEN

- 3 Birnen, geschält, geviertelt und Kerngehäuse entfernt
- Butter oder Pflanzenöl für die Form
- 200 g Ricotta
- 300 g Zucker
- 4 Bio-Eier, getrennt
- 300 g Mehl, gesiebt
- 10 g Maisstärke
- 90 ml Vollmilch
- 1 TL Backpulver
- 1 TL Mandelextrakt (alternativ 1 Tropfen Bittermandelöl)
- Abrieb von 1 Bio-Zitrone
- 2 EL Kakaopulver, plus mehr zum Bestäuben

Dieser leichte italienische Kuchen wird traditionell mit Joghurt zubereitet. Ich nehme stattdessen Ricotta, sodass er ein wenig (und ich meine wirklich sehr wenig) reichhaltiger wird. Auf jeder Portion des Marmorkuchens aus Zitronen- und Schokoladenmasse wird ein pochiertes Birnenviertel serviert.

Als Erstes die Birnen sanft pochieren: Die geviertelten Birnen in eine mikrowellengeeignete Schüssel geben, einen Schuss Wasser hinzufügen, mit Frischhaltefolie abdecken und auf hoher Stufe 4 Minuten garen. Die weichen Birnen auf Küchenpapier abtropfen lassen und beiseitestellen.

Den Ofen auf 180 °C vorheizen und eine Ringform (24 cm oder 28 cm Ø) großzügig einfetten.

Ricotta und Zucker sorgfältig mischen. Eigelb, Mehl, Maisstärke, Milch, Backpulver und Mandelextrakt unterrühren, bis eine glatte Masse entstanden ist.

Eiweiß steif schlagen und in drei Etappen unter die Kuchenmasse heben, sodass diese deutlich luftiger wird.

Eine Hälfte der Kuchenmasse in eine separate Schüssel füllen. Den Zitronenabrieb vorsichtig unter eine Portion heben, das Kakaopulver unter die andere.

Abwechselnd kleine Portionen der beiden Massen in die Form füllen, bis sie vollständig aufgebraucht sind. Für den Marmor-Effekt ein Holzstäbchen spiralförmig durch alle Teigschichten ziehen. Die 12 Birnenviertel gleichmäßig kreisförmig auf den Teig setzen.

Im vorgeheizten Ofen 35 Minuten backen. Danach 10 Minuten in der Form ruhen lassen und später zum vollständigen Abkühlen vorsichtig herauslösen. Den Kuchen zum Servieren mit Kakaopulver bestäuben.

Hefekuchen
mit Pekannussfüllung

FÜR 10 PORTIONEN
ZUBEREITUNG 50 MINUTEN, PLUS RUHEZEIT **BACKEN** 40 MINUTEN

Für den Hefekuchen

600 g Weizenmehl (Type 550), plus mehr zum Bestäuben

100 g Butter, zerlassen und abgekühlt

7 g Trockenhefe

1 TL Salz

40 g Zucker

230 ml Vollmilch

2 Bio-Eier

Butter oder Backtrennspray für die Form

Für die Pekannussfüllung

70 g Zucker

40 g Pekannusskerne

230 g Frischkäse (Doppelrahmstufe)

1 TL Vanilleextrakt

1 TL Mandelextrakt (alternativ 2–3 Tropfen Bittermandelöl)

Für die Glasur

200 g Puderzucker, gesiebt

Außerdem

50 g Kokosraspel

grüne Lebensmittelfarbe (Gel)

gelbe Lebensmittelfarbe (Gel)

Streng genommen handelt es sich bei diesem Kuchen um süßes Hefebrot, gefüllt mit cremiger Pekannussmasse und traditionell überzogen mit buntem Zuckerguss (in der Regel gelb und grün). Ich verwende stattdessen gefärbte Kokosraspel – wenn ihr es gerne extrem süß habt, könnt ihr aber auch beim Zuckerguss bleiben. Das Original habe ich in New Orleans gekostet und es ist köstlich!

Zunächst den Teig zubereiten. Mehl, zerlassene Butter, Hefe, Salz und Zucker in einer Schüssel vermischen. Eine Mulde in die Mitte formen. Milch und Eier in einem Messbecher verquirlen. Falls das weniger als 350 ml Flüssigkeit ergibt, noch weitere Milch hinzufügen.

Die Mischung in die Mulde gießen und die Zutaten zu einem Teig vermengen. In der Standküchenmaschine mit dem Knetelement 5 Minuten auf mittlerer Stufe durchkneten, bis ein dehnbarer, elastischer Teig entstanden ist. In der Schüssel mit Frischhaltefolie abdecken und an einem warmen Ort etwa 2 Stunden gehen lassen, bis sich das Volumen verdoppelt hat.

Für die Füllung ein Backblech mit Backpapier auslegen. Den Zucker gleichmäßig in einem kleinen Topf verteilen. Auf mittlerer Stufe erhitzen. Sobald der Zucker karamellisiert, umrühren und weiter erhitzen, bis ein bernsteinfarbener Karamell entstanden ist. Die Pekannusskerne zügig unterrühren und die Mischung auf dem vorbereiteten Backblech verteilen. Vollständig abkühlen lassen, dann in der Küchenmaschine zu groben Streuseln hacken.

Wenn der Hefeteig formbar ist, in einer separaten Schüssel Frischkäse, Vanille- und Mandelextrakt vermischen. Die Pekannussstreusel sorgfältig unterrühren.

Den Hefeteig auf der leicht bemehlten Arbeitsfläche zu einem 40 cm großen Quadrat ausrollen. Eine Ringform mit 2 Liter Fassungsvermögen mit Butter einfetten oder innen mit Backtrennspray einsprühen.

Die Frischkäse-Mischung auf die Teigmitte geben und gleichmäßig verstreichen, dabei rundherum einen 1 cm breiten Rand frei lassen. Wie eine Biskuitrolle zusammenrollen und vorsichtig in die Form legen, sodass die Naht am inneren Rand der Form liegt. Die Enden zusammendrücken. Abgedeckt gehen lassen, bis sich das Volumen verdoppelt hat.

Dann den Ofen auf 200 °C vorheizen. Den Kuchen 35–40 Minuten backen.

Inzwischen für die Glasur den Puderzucker mit 2–3 EL kaltem Wasser glatt rühren.

Den Kuchen auf dem Kuchengitter abkühlen lassen. Sobald er vollständig abgekühlt ist, einen Teller zum Auffangen tropfender Glasur darunterstellen. Den Kuchen mit Glasur überziehen.

Die Kokosraspel auf zwei Gefrierbeutel verteilen. Etwas Lebensmittelfarbe in einen Beutel tropfen und mit den Fingern von außen in die Kokosflocken reiben. Mit der zweiten Portion Kokosraspel und einer anderen Lebensmittelfarbe im anderen Beutel wiederholen. Falls ihr keine Plastiktüten verwenden möchtet, könnt ihr die Kokosraspel auch in Schüsseln einfärben und die Lebensmittelfarbe mit dem Löffel einrühren. Die gefärbten Kokosraspel abwechselnd auf die Glasur streuen.

Gebäck für feierliche Anlässe

Kouign Amann – Bretonischer Butterkuchen

FÜR 6 PORTIONEN **ZUBEREITUNG** 30 MINUTEN, RUHEZEIT UND KÜHLZEIT **BACKEN** 45 MINUTEN

- 300 g Weizenmehl (Type 550), plus mehr zum Bestäuben
- 5 g Trockenhefe
- 1 TL Salz
- 25 g Butter, zerlassen, plus mehr für die Form
- 250 g kalte Butter (am Stück)
- 120 g Demerara-Zucker oder brauner Rohrzucker, plus mehr zum Bestreuen
- 1 TL Vanillepulver oder Vanillepaste

Kouign Amann sind köstliche, zuckrige Küchlein aus der Bretagne, die aus feinen Lagen buttrigem Hefeteig bestehen. Ich finde sie unwiderstehlich! Das erste Mal habe ich sie vor etwa 4 Jahren gegessen, als mein Freund Jonny sie nebenbei zubereitete, während er mit meinen Kindern Kekse backte. Ich wünschte, er könnte sie mir jedes zweite Wochenende machen. Aber er hat schließlich sein eigenes Leben und viel zu tun, also musste ich die Zubereitung selbst lernen. In meinem Rezept backe ich einen großen Kuchen, den ich zum Servieren in Scheiben schneide.

Den Knethaken in die Standküchenmaschine einsetzen und das Mehl in die Schüssel füllen. Die Hefe auf eine Seite des Mehls geben, das Salz auf die andere.

Die zerlassene Butter und 200 ml warmes Wasser hinzufügen und langsam rühren, bis ein Teig entsteht. Die Geschwindigkeit erhöhen und den Teig 6 Minuten kneten. Er muss glatt und elastisch werden. Dann mit Frischhaltefolie abdecken und beiseitestellen, bis er sein Volumen verdoppelt hat.

Das Stück Butter zwischen zwei Lagen Frischhaltefolie mit der Teigrolle zu einem 14 cm großen Quadrat ausrollen. Im Kühlschrank ruhen lassen.

Den aufgegangenen Teig auf der leicht bemehlten Arbeitsfläche zu einem 20 cm großen Quadrat ausrollen. Die Butter diagonal in die Teigmitte legen, sodass die Butterquadratspitzen jeweils zu den Teigseiten zeigen. Die Teigecken nun nach innen über die Butter falten, wie einen Umschlag. Das Ergebnis sollte ein Quadrat sein, mit einem X in der Mitte (wo die Teigränder aufeinandertreffen).

Den gefüllten Teig zu einem 45 x 15 cm großen Rechteck ausrollen. Das untere Drittel nach oben falten und das obere Drittel nach unten. Von der Seite kann man drei Schichten Butter und drei Schichten Teig sehen. In Frischhaltefolie wickeln und 30 Minuten im Kühlschrank ruhen lassen.

Diesen Vorgang noch zweimal wiederholen. Wichtig ist, dass der Teig nach dem Falten jedes Mal mindestens 30 Minuten im Kühlschrank ruht. Den Teig wieder zu einem Rechteck ausrollen, die Oberfläche mit Zucker bestreuen, und ihn erneut in Drittel falten. Den Teig nun zügig zu einem 30 cm großen Quadrat ausrollen. Zucker und Vanillepulver (oder Vanillemark) mischen und auf den Teig streuen.

Ein großes Backblech leicht einfetten und das Teigquadrat darauflegen.

Die Ecken nun zur Teigmitte falten und andrücken. Mit weiterem Zucker bestreuen und locker mit leicht gefetteter Frischhaltefolie abgedeckt etwa 15 Minuten gehen lassen.

Den Ofen auf 220 °C vorheizen. Die Frischhaltefolie entfernen und den Kuchen 40–45 Minuten backen. Falls er zu schnell bräunt, nach etwa der Hälfte der Zeit mit Alufolie abdecken. Aus dem Ofen nehmen und ein paar Minuten auf dem Blech ruhen lassen, dann zum vollständigen Abkühlen auf ein Kuchengitter setzen.

Ich esse Kouign Amann gerne warm, ein paar Stunden später schmeckt er aber ebenso köstlich. Meine Achillesferse – ich genieße die süße, krosse Leckerei gerne mit einer Tasse Tee, auf dem Boden vor dem Kamin sitzend, genauso wie ich es vor all den Jahren mit Jonny und den Kids gemacht habe!

Gebäck für feierliche Anlässe

Brioche-Kranz
mit gebackenem Camembert

FÜR 8 PORTIONEN **ZUBEREITUNG** 40 MINUTEN, PLUS RUHEZEIT ÜBER NACHT **BACKEN** 20 MINUTEN

4 Bio-Eier (Größe L)
20 ml Vollmilch
350 g Weizenmehl (Type 550), plus mehr zum Bestäuben
7 g Trockenhefe
30 g Zucker
1 TL Salz
2 TL Chiliflocken
200 g getrocknete Cranberrys, gehackt
200 g weiche Butter, gewürfelt
250 g Camembert, in der Holzschachtel

Außerdem
1 Bio-Ei, leicht verquirlt
1 Prise Meersalz
2 EL feine Orangenmarmelade

Jedes Rezept, das Brot und Käse enthält, hat meine Aufmerksamkeit. Immer, wenn mein Magen knurrt, höre ich ihn sagen: »Brot und Käse, bitte«. Ich habe keine großen Ansprüche, in der Regel ist es also eine dicke Scheibe dunkles Brot, dick mit zu kalter Butter beschmiert, und darauf ein grob geschnittenes Stück Käse. Aber manchmal habe ich eben doch Lust auf etwas Besonderes und, wirklich, der Aufwand für dieses Rezept lohnt sich! Ein wunderschöner Kranz aus Brioche-Kugeln mit Chili umgibt gebackenen Camembert, auf dem ein Löffel Marmelade thront. Macht euch auf eine Geschmacksexplosion aus süß und herzhaft gefasst, von der man einfach begeistert sein muss!

Eier und Milch verquirlen. In einer separaten Schüssel Mehl, Hefe, Zucker und Salz sorgfältig vermengen. Chiliflocken und Cranberrys untermischen. Eine Mulde in die Mitte formen, die Milch-Eier-Mischung hineinfüllen und die Zutaten zu einem Teig verarbeiten. Er wirkt sehr feucht, eher wie ein dickflüssiger Rührteig, aber keine Sorge.

In der Standküchenmaschine mit dem Knethaken weiter rühren und die Butter stückchenweise untermischen, bis sie vollkommen unter den Teig gemischt ist. Den Teig nun 10 Minuten auf hoher Geschwindigkeit durchkneten. Dann abgedeckt mit Frischhaltefolie über Nacht im Kühlschrank ruhen lassen.

Am Folgetag ein Backblech mit Backpapier auslegen. Die Holzschachtel des Camemberts ohne Deckel in die Mitte des Backblechs setzen. Den Käse zurück in den Kühlschrank legen.

Den Teig auf der leicht bemehlten Arbeitsfläche kurz und kräftig durchkneten. Zu einer Rolle formen und in 5 gleichmäßige Stücke teilen. Jedes Stück in 5 Portionen teilen, sodass insgesamt 25 kleine Teigkugeln entstehen. Eine Vertiefung in die Mitte jeder Kugel drücken, die Kugeln wenden und zwischen den Handflächen rollen, bis die Oberfläche glatt und gleichmäßig ist. Zehn Kugeln rund um das Holzkörbchen arrangieren und mit den restlichen 15 Kugeln umgeben. Kleine Abstände dazwischen lassen, damit der Teig aufgehen kann. Mit eingefetteter Frischhaltefolie abgedeckt auf das doppelte Volumen aufgehen lassen.

Den Ofen auf 190 °C vorheizen. Den Camembert in das Holzkörbchen setzen. Die Teigkugeln mit verquirltem Ei bestreichen und mit etwas Salz bestreuen. Im vorgeheizten Ofen 20 Minuten backen.

Ein paar Löffel Marmelade auf den Käse geben – und schon könnt ihr losmampfen.

Gebäck für feierliche Anlässe

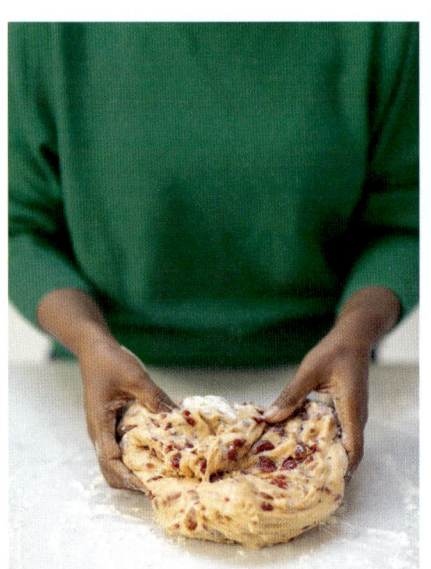

Herzhafter Nussbraten

FÜR 8–10 PORTIONEN
ZUBEREITUNG 30 MINUTEN, PLUS KÜHLZEIT
BACKEN 1 ½ STUNDEN

20 g Butter, plus mehr für die Form
4 Knoblauchzehen, abgezogen und fein gerieben
1 rote Zwiebel, abgezogen und fein gewürfelt
2 EL Tomatenmark
200 g braune Champignons, fein gehackt
1 große Karotte, geraspelt (ca. 150 g)
1 TL Salz
1 TL Chilipulver
1 TL gemahlener Kreuzkümmel
½ TL gemahlene Kurkuma
150 g rote Linsen
400 ml Gemüsebrühe
100 g feine Semmelbrösel
150 g Nusskernmischung, fein gehackt
3 Bio-Eier, leicht verquirlt
100 g reifer Cheddar, fein gerieben
1 kleine Handvoll frisches Koriandergrün, fein gehackt

Für die Glasur
1 EL Hefeextrakt
1 EL Ketchup

Lange dachte ich, Nussbraten könnten unmöglich gut schmecken, weil sie ein Fleischersatz sind. Vor Kurzem wurde mir aber klar, dass ich damit absolut falsch lag. Ein Nussbraten sollte nicht als Ersatz gelten, sondern als Star der Mahlzeit und stolz in der Tischmitte serviert werden, sodass sich alle daran erfreuen können, wie hübsch er aussieht und wie gut er schmeckt! Reste können am nächsten Tag in Scheiben geschnitten und kalt gegessen werden, mit Salat oder – so mag ich es besonders gerne – auf einem weichen Brötchen mit viel Butter und Brown Sauce!

Den Ofen auf 180 °C vorheizen. Eine Kastenform mit 900 ml Fassungsvermögen leicht einfetten.

Die Butter in einer großen Pfanne mit Antihaftbeschichtung zerlassen. Den geriebenen Knoblauch darin ein paar Sekunden goldbraun braten. Die gewürfelte Zwiebel untermischen und 5 Minuten sanft dünsten.

Tomatenmark, Pilze, Karottenraspel und Salz hinzufügen und 5 Minuten sautieren. Die Gewürze dazugeben und weitere 5 Minuten sautieren. Dann Linsen und Brühe untermischen und alles 15 Minuten sanft köcheln lassen, bis die Linsen zart sind und die Flüssigkeit vollständig verdampft ist.

Die Mischung in eine große Schüssel füllen und mindestens 30 Minuten abkühlen lassen. Sobald sie ausreichend abgekühlt ist, dass man sie anfassen kann, Semmelbrösel, Nüsse, Eier, Käse und Koriandergrün sorgfältig unterrühren, bis eine bunte, relativ feste Masse entstanden ist.

Diese mit einem Löffel in die vorbereitete Form geben und mit dem Löffelrücken gleichmäßig fest andrücken. Im vorgeheizten Ofen 50–60 Minuten backen. Mindestens 20 Minuten in der Form ruhen lassen und dann auf eine kleine Platte stürzen.

Den Ofengrill vorheizen. Den Hefeextrakt mit 1 EL heißem Wasser verrühren und den Ketchup untermischen. Den Nussbraten rundherum mit dieser Mischung bestreichen und für 3–5 Minuten unter dem Ofengrill rösten. Und schon kann der Nussbraten serviert werden.

Skandinavischer Kransekake

FÜR 16 PORTIONEN   **ZUBEREITUNG** 1 STUNDE, PLUS KÜHLZEIT   **BACKEN** 40 MINUTEN

Für den Teig
- 500 g gemahlene Mandeln
- 500 g Puderzucker, gesiebt
- 4 Bio-Eiweiß
- 1 TL Mandelextrakt (alternativ 1 Tropfen Bittermandelöl)
- Pflanzenöl für die Form

Für die Glasur
- 3 EL frisch gepresster Zitronensaft
- 400 g Puderzucker, gesiebt
- 2 Bio-Eiweiß
- 1 EL schwarze Sesamsamen

Außerdem
- mit Schokolade überzogene Nüsse, Kerne und Samen sowie Pralinen in Folie
- kandierte Mandeln und essbare Blüten (oder andere essbare Dekorationen)

Skandinavischer Kranzkuchen wird traditionell für besondere Anlässe zubereitet – und tatsächlich ist dies ein besonderer Kuchen, mit den aufeinandergeschichteten Marzipanböden. Für spezielle Rezepte braucht man häufig spezielle Ausstattung, in diesem Fall habe ich aber einen Weg gefunden, wie es ohne geht: Man benötigt nur eine runde Kuchenform, ein Messer und die Fähigkeit, freihändig einen Kreis auszuschneiden.

Damit das Aroma der Mandeln richtig zur Geltung kommt, müssen sie auf mittlerer Stufe in einer Pfanne mit Antihaftbeschichtung ohne Fett unter Rühren goldbraun geröstet werden. Vollständig abkühlen lassen und dann sieben, um Klümpchen zu entfernen. Den Puderzucker sorgfältig untermischen.

Eine Mulde in die Mitte formen, Eiweiß und Mandelextrakt hinzufügen und alles zu einem glatten Teig verrühren. Falls er sehr krümelig ist, ein paar Esslöffel Wasser dazugeben. Den Teig flach drücken und in Frischhaltefolie gewickelt mindestens 2 Stunden im Kühlschrank ruhen lassen.

Gebäck für feierliche Anlässe

Eine Springform (25 cm Ø) einfetten und mit Backpapier auslegen. Den Teig in die Form geben und mit den Händen oder einem schweren Glas verstreichen, sodass er gleichmäßig bis an den Rand der Form verteilt wird. Den Springform-Ring entfernen und mit einem scharfen Messer den Teig von oben 1,5 cm neben der Außenkante parallel dazu einschneiden. Im gleichen Abstand dazu nach innen nochmals einschneiden und dies wiederholen, bis in der Mitte ein kleiner Kreis übrig bleibt. Insgesamt entstehen so aus dem Teig 7 Ringe und 1 Kreis.

Den Ofen auf 200 °C vorheizen. Drei Backbleche (oder so viele, wie zur Verfügung stehen) mit Backpapier auslegen.

Den äußeren Teigring vorsichtig aus der Form nehmen und auf eines der Backbleche legen. Falls er sich dabei verzieht, die ursprüngliche Form wiederherstellen. Falls der Teig einreißt, einfach wieder zusammendrücken. Alle Ringe auf diese Weise vorbereiten.

Die großen Ringe im vorgeheizten Ofen 10 Minuten backen, die mittleren 6–8 Minuten, die kleineren 4–6 Minuten, bis sie goldbraun und sehr weich sind. Dann auf dem Blech 5–10 Minuten abkühlen lassen. Anschließend auf Kuchengittern vollständig abkühlen lassen. Den Vorgang wiederholen, bis alle Ringe gebacken sind.

Für die Glasur Zitronensaft (oder Wasser) und Puderzucker in einer Schüssel glatt rühren und die Eiweiße sorgfältig unterrühren. Diese Glasur wird recht fest und lässt sich gut spritzen. In einen Spritzbeutel füllen, eine kleine Ecke abschneiden und mit dem größten Ring beginnen: Die Glasur im Zickzack-Muster von außen nach innen rund um den Ring spritzen. Bevor sie fest wird, möglichst schnell mit etwas schwarzen Sesam bestreuen. Mit den anderen Ringen ebenso verfahren.

Jetzt ist es Zeit zum Schichten. Etwas Glasur auf die Servierplatte spritzen, damit der Kuchen nicht verrutscht, und den ersten Ring daraufsetzen. Den nächsten Ring darauflegen, wie beschrieben mit befestigen und einen dritten Ring auf dieselbe Weise daraufschichten. Die Höhle in der Mitte mit Nüssen oder Süßem füllen. Ein paar weitere Ringe daraufschichten und erneut Nüsse oder Süßigkeiten in den Freiraum füllen. Traditionell wird der Kuchen nicht gefüllt, aber mir gefällt der Gedanke, dass das ansonsten leere Innere weitere süße Köstlichkeiten enthält.

Sobald ihr oben angekommen seid, das letzte runde Kuchenstück mit Glasur befestigen. Ich dekoriere den Kuchen gerne noch mit essbaren Blüten, kandierten Mandeln oder anderen essbaren Dekorationen, abhängig vom Anlass.

Sechstes Kapitel

KEKSE & KLEINE NASCHEREIEN

Himbeer-Amaretti-Kekse

ERGIBT ETWA 20 STÜCK   **ZUBEREITUNG** 40 MINUTEN
BACKEN 15 MINUTEN

Butter für die Backbleche
4 Bio-Eiweiß
340 g Zucker
340 g gemahlene Mandeln
18 g gefriergetrocknete Himbeeren, zu Pulver zerstoßen
1 TL Mandelextrakt (alternativ 1 Tropfen Bittermandelöl)
20 kleine frische Himbeeren (alternativ gefriergetrocknete Himbeeren)
200 g Puderzucker

Amaretti sind Kekse, vor deren Zubereitung sich die meisten anscheinend fürchten. Nur weil sie häufig in hübschen Dosen verkauft werden, eingepackt in knisterndes Zellophan mit schicker Schleife, heißt das aber noch lange nicht, dass es schwer wäre, sie selbst zu machen. Tatsächlich sind hausgemachte Amaretti die besten – besonders diese hier, die schön weich und mandelig sind und im Inneren eine Himbeere verbergen. Und sie können auch verschenkt werden. Nur muss man die Beschenkten darauf hinweisen, dass sie wegen der frischen Früchte in der Mitte nicht lange haltbar sind. Wenn sie länger halten sollen, verwendet für die Füllung einfach gefriergetrocknete Himbeeren statt frische.

Den Ofen auf 190 °C vorheizen. Zwei Backbleche leicht einfetten und mit Backpapier auslegen (das Fett sorgt dafür, dass das Backpapier haftet).

Das Eiweiß in einer großen Schüssel steif schlagen. Den Zucker vorsichtig mit dem Teigschaber oder einem Metalllöffel unterheben. Die Mandeln und das Himbeerpulver untermischen, bis ein glatter Teig entstanden ist.

Puderzucker und frische Himbeeren bereitstellen. Einen gehäuften Esslöffel des Teigs (40 g, falls ihr es genau wissen möchtet) zu einer flachen, runden Scheibe formen. Eine Himbeere vollständig darin einschlagen und die Nahtstelle zusammendrücken. Vielleicht reißt der Teig dabei an der Oberfläche etwas ein, aber das ist kein Problem.

Die Kugel im Puderzucker wälzen und dann mit der Nahtstelle nach unten auf ein Backblech setzen. Mit dem restlichen Teig und den übrigen Himbeeren ebenso verfahren und dabei darauf achten, dass zwischen den Kugeln auf den Blechen etwa 2 cm Platz ist, weil die Amaretti beim Backen leicht aufgehen.

Im vorgeheizten Ofen 12–15 Minuten hellgolden backen. Etwa 10 Minuten auf dem Blech ruhen lassen und zum vollständigen Abkühlen auf ein Kuchengitter setzen.

Kekse & kleine Naschereien

Rhabarber-Creme-Küsschen

ERGIBT ETWA 20 STÜCK   ZUBEREITUNG 40 MINUTEN
BACKEN 12 MINUTEN

Für die Kekse

200 g Butter, plus mehr für die Backbleche

50 g Puderzucker

Mark von ½ Vanilleschote

200 g Mehl, gesiebt

4 TL Vanillepuddingpulver

½ TL Backpulver

2 Tropfen rosa Lebensmittelfarbe (Gel)

Für die Füllung

150 g weiße Schokolade, gehackt

40 g Rhabarber-Vanille-Bonbons (aus dem Feinkostladen oder online erhältlich)

Hier in England sind Rhabarber-Vanille-Bonbons beliebt, die eigentlich nicht besonders nach Rhabarber schmecken. Immerhin ist ihr Geschmack einzigartig und passt – meiner Meinung nach – gut zur weißen Schokolade in diesen Doppelkeksen.

Zwei Backbleche leicht einfetten und mit Backpapier auslegen.

Für den Keksteig Butter, Puderzucker und Vanillemark schaumig aufschlagen. Mehl, Puddingpulver und Backpulver hinzufügen und alles zu einem glatten Teig verrühren.

Die Lebensmittelfarbe auf eine Seite des Teigs geben und sorgfältig in dieser Ecke untermischen, sodass nur ein Viertel davon eingefärbt wird. Den gefärbten Teig nun mit einem sauberen Löffel unter den restlichen Teig ziehen, sodass ein Marmor-Effekt entsteht.

Den Ofen auf 190 °C vorheizen.

Einen Spritzbeutel mit einer mittelgroßen (1,25 cm) Sterntülle ausstatten und den Teig vorsichtig hineinfüllen. Rosetten (4 cm Ø) auf die vorbereiteten Backbleche spritzen und jeweils 2 cm Abstand dazwischen lassen. Im vorgeheizten Ofen 10–12 Minuten backen, dann vollständig auf den Blechen abkühlen lassen.

Die Schokolade für die Füllung schmelzen und beiseitestellen. Die Bonbons fein zerstoßen. (Ein paar größere Stückchen sind okay, es dürfen aber nicht zu viele sein, sonst haften die Kekshälften nicht zusammen).

Die abgekühlten Kekse wenden, sodass die flache Seite nach oben zeigt. Jeweils einen halben Teelöffel geschmolzene Schokolade daraufstreichen. Die zerstoßenen Bonbons darüberstreuen und einen zweiten Keks (ohne Bonbons) daraufsetzen. An einem kühlen Ort ruhen lassen, bis die Schokolade fest geworden ist. Und dann sind sie sowas von bereit, gegessen zu werden.

Schoko-Haselnuss-Küsschen
mit Rosmarin

ERGIBT 23 STÜCK
ZUBEREITUNG 30 MINUTEN, PLUS KÜHL- UND RUHEZEIT
BACKEN 15 MINUTEN (20 MINUTEN, WENN DIE HASELNUSSKERNE GERÖSTET WERDEN)

100 g geröstete Haselnusskerne, gehackt
100 g Mehl
80 g Zucker
100 g Butter, plus mehr für die Backbleche
100 g dunkle Schokolade, gehackt
1 EL getrockneter Rosmarin

Diese italienischen Kekse sind die niedlichsten, die ich mir je habe schmecken lassen. Das erste Mal habe ich sie in einem italienischen Restaurant gegessen. Sie sahen so einladend aus, dass ich einfach einen kosten musste – und mit einem, meine ich zehn! Es handelt sich um mit dunkler Schokolade, die ich gerne mit etwas getrocknetem Rosmarin aufpeppe, zusammengesetzte Haselnusskekse.

Die Haselnusskerne in der Küchenmaschine zu feinem Pulver verarbeiten. Ich kaufe gerne geröstete, gehackte Haselnusskerne. Ihr könnt Haselnusskerne auch in einer Pfanne ohne Fett goldbraun rösten, müsst sie dann vor dem Hacken aber vollständig abkühlen lassen. Um Abwasch zu sparen, könnt ihr den kompletten Teig in der Küchenmaschine vorbereiten.

Mehl, Zucker und Butter hinzufügen und zu einem glatten Teig mixen. In Frischhaltefolie wickeln und mindestens 1 Stunde im Kühlschrank ruhen lassen.

Zwei Backbleche mit Backpapier auslegen und leicht einfetten.

Den Teig aus dem Kühlschrank nehmen und in kleine Portionen à 8 g teilen. Hier bin ich so pedantisch, weil die Kekshälften später perfekt aufeinanderpassen sollen. Die einzelnen Portionen zu Kugeln formen und mit Abstand auf die Backbleche setzen.

Im Kühlschrank eine weitere Stunde ruhen lassen.

Den Ofen auf 180 °C vorheizen.

Die Kekse 12–15 Minuten hellgolden backen. Aus dem Ofen nehmen und auf einem Kuchengitter vollständig abkühlen lassen. Sobald sie abgekühlt sind, die Füllung zubereiten.

Dafür die Schokolade entweder in einer Schüssel über einem Topf mit köchelndem Wasser schmelzen oder in der Mikrowelle – bei einer so kleinen Menge ziehe ich die zweite Option vor. Sobald die geschmolzene Schokolade glatt und glänzend ist, den getrockneten Rosmarin untermischen. Die warme Schokolade wird ihn zum Duften bringen.

Ein klein wenig Schokolade auf die flache Seite von einem Keks geben. Nicht zu viel, sonst quillt sie beim Zusammensetzen über. Einen zweiten Keks auf die Schokolade setzen und beide Seiten sanft zusammendrücken. Mit den übrigen Keksen wiederholen.

Mindestens 30 Minuten ruhen lassen, damit die Schokolade vor dem Verzehr fest wird. In einem luftdicht verschlossenen Behälter sind diese Küsschen ein paar Monate haltbar – falls ihr sie nicht gleich alle auf einmal nascht!

Kekse & kleine Naschereien 159

Spekulatius mit Dip

ERGIBT 16 STÜCK **ZUBEREITUNG** 40 MINUTEN, PLUS KÜHLZEIT **BACKEN** 15 MINUTEN

Für die Spekulatius-Gewürzmischung

140 g gemahlener Zimt

40 g gemahlene Muskatnuss

35 g gemahlene Gewürznelken

35 g gemahlener schwarzer Pfeffer

30 g gemahlener Ingwer

20 g Sternanis, zu feinem Pulver zerstoßen (optional)

Für die Kekse

90 g weiche Butter, plus mehr für die Backbleche

150 g feiner brauner Zucker

160 g Mehl, gesiebt, plus mehr zum Bestäuben

4 TL Spekulatius-Gewürzmischung

½ TL Backpulver

1 feine Prise Salz

Für den Dip

25 g feiner brauner Zucker

1 TL Spekulatius-Gewürzmischung

100 ml Kondensmilch

10 g weiche Butter

1 TL frisch gepresster Zitronensaft

125 g Spekulatiuskekse (7–8 Stück)

Mein Vater servierte seinen Restaurantgästen Ingwerkekse, einzeln verpackt und neben die Kaffeetasse gelegt. Ich bin kein großer Fan von Ingwerkeksen, also habe ich mir eine Alternative ausgedacht: Dunkel, knusprig und gewürzt, aber eben nicht nur mit Ingwer. Und wenn ihr schon mal dabei seid, macht den Aufstrich gleich mit – das ist ganz einfach und lohnt sich unbedingt! Dieses Rezept ergibt eine große Menge Gewürzmischung. Da sie einen so einzigartigen Geschmack hat und nicht immer leicht erhältlich ist (außer zu Weihnachten oder in den Niederlanden), mache ich lieber gleich viel davon. Ihr könnt sie immer dann verwenden, wenn ihr Lust auf weihnachtliche Gewürze habt, z. B. für Streusel, Kuchen, Buttercreme, Smoothies, Porridge, Armer Ritter etc.

Alle Zutaten für die Gewürzmischung direkt in einem sauberen Einmachglas vermischen. Schon könnt ihr alles Mögliche mit dieser wunderbaren Mischung abschmecken.

Butter und braunen Zucker in einer Schüssel mit dem Handrührgerät schaumig aufschlagen. Der braune Zucker spielt im Keksteig eine wichtige Rolle – nicht nur für den dunklen Karamellton, sondern auch für den intensiven Karamellgeschmack.

Mehl, Gewürzmischung, Backpulver und Salz hinzufügen und zu einem glatten Teig vermischen. Falls noch etwas Mehl auf dem Boden der Schüssel zurückbleibt und der Teig trocken ist, einfach tröpfchenweise etwas Wasser dazugeben. In Frischhaltefolie wickeln und zu einem rechteckigen Block formen (so lässt sich der Teig später leichter ausrollen). Im Kühlschrank mindestens 1 Stunde ruhen lassen.

Den Ofen auf 190 °C vorheizen. Zwei Backbleche leicht einfetten (damit das Backpapier daran haftet) und mit Backpapier auslegen.

Den gekühlten Teig auf der leicht bemehlten Arbeitsfläche zu einem 32,5 x 20 cm großen Rechteck ausrollen, knapp 5 mm dick. Das Rechteck sollte mit einer der kürzeren Seiten zum Rand der Arbeitsfläche zeigen. Mit einem gewellten Teigrädchen, einem gewellten oder einem einfachen Messer in 4 cm breite Streifen schneiden. Diese Streifen in 6,5 cm lange Kekse teilen. Wir teilen das Rechteck also in 25 Kekse, indem wir 4 vertikale Schnitte in Abständen von je 4 cm und 4 horizontale Schnitte in Abständen von je 6,5 cm setzen.

Die rechteckigen Kekse mit etwa 2 cm Abstand auf die vorbereiteten Bleche setzen. Im vorgeheizten Ofen 14–16 Minuten backen, bis sie am Rand ein wenig dunkler sind. Auf den Blechen vollständig abkühlen lassen, bevor ihr sie esst, dippt oder in einem luftdicht verschlossenen Behälter verpackt.

Falls ihr den Dip zubereitet, was ich nur empfehlen kann, Zucker, Gewürzmischung, Kondensmilch, Butter und Zitronensaft in einem kleinen Mixer zu einer glatten Creme verarbeiten. Etwa 7–8 Spekulatius zerbröseln und mit dem Mixer daruntermischen, damit sie knusprig wird. In einem gut verschlossenen Einmachglas ist der Dip im Kühlschrank bis zu 1 Monat haltbar.

Shortbread-Splitter
mit Blütenblättern

250 g weiche Butter

100 g Zucker, plus mehr zum Bestäuben

360 g Mehl

Hartweizengrieß für das Blech

1 kleine Handvoll gemischte Kräuter und essbare Blüten (je nachdem, was ihr bekommt oder anbaut)

ERGIBT 30 STÜCK **ZUBEREITUNG** 40 MINUTEN, PLUS KÜHLZEIT **BACKEN** 30 MINUTEN, PLUS 15 MINUTEN RUHEZEIT

Meiner Meinung nach gibt es an Shortbread nicht viel zu verbessern. Dieses wunderbare, köstliche Mürbeteiggebäck ist für mich einfach buttrige Schönheit. Wenn wir es etwas schicker machen möchten, dann geht das mit dieser einfachen und hübschen Methode – vor allem, wenn man im Garten essbare Blüten und Kräuter anbaut.

Butter und Zucker in einer Schüssel hell und schaumig aufschlagen. Das Mehl vorsichtig mit der Palette oder einem breiten Messer unterheben, und die Zutaten dann mit den Händen zügig zu einem Teig verkneten.

Den Teig in Frischhaltefolie wickeln, flach drücken und 1 Stunde im Kühlschrank ruhen lassen.

Den gekühlten Teig zwischen zwei Lagen Frischhaltefolie zu einem 35 x 30 cm großen Rechteck ausrollen, etwa 5 mm dick.

Ein Backblech mit Backpapier auslegen und mit Grieß bestreuen.

Die obere Lage Frischhaltefolie entfernen und den ausgerollten Teig mithilfe der unteren Frischhaltefolie auf den Grieß stürzen. Folie abziehen, Blüten und Kräuter auf der Oberfläche verteilen und sanft in den Teig drücken. Mit einer Lage Backpapier abdecken und mit dem Teigroller darüberrollen, um die Blüten und Kräuter sicher im Teig zu verankern. Ein zweites Backblech daraufsetzen und das Ganze 30 Minuten im Kühlschrank ruhen und fest werden lassen.

Den Ofen auf 160 °C vorheizen.

Das Backblech mit dem Teig (und dem zweiten Backblech darauf) in den Ofen schieben und das Shortbread 30 Minuten backen. Aus dem Ofen nehmen und 15 Minuten abkühlen lassen.

Das obere Backblech und das Backpapier entfernen. Jetzt sind die schönen Blüten und Kräuter zu sehen. Das Shortbread, solange es noch warm ist, mit einem Messer mit Wellenschliff in Stücke schneiden und vollständig abkühlen lassen.

Einmal abgekühlt, ist das Shortbread kross, köstlich und verzehrbereit – falls ihr es ertragen könnt, etwas so Hübsches zu essen (mich hat das noch nie vom Naschen abgehalten)!

Schwarzkümmel-Kekse

> **ERGIBT** ETWA 50 STÜCK (UND 1,2 LITER MASALA CHAI) **ZUBEREITUNG** 20 MINUTEN, PLUS KÜHLZEIT (10 MINUTEN FÜR DEN CHAI) **KOCHEN** 15 MINUTEN (1 STUNDE FÜR DEN CHAI)

Für die Kekse
- 370 g Mehl, plus mehr zum Bestäuben
- 1 TL Salz
- 50 g Zucker
- 4 TL Schwarzkümmelsamen
- 2 Bio-Eier, leicht verquirlt
- 50 g Puderzucker

Für die Masala-Chai-Gewürzmischung
- 120 g gemahlener Zimt
- 30 g gemahlener Ingwer
- 30 g gemahlene Muskatnuss
- 25 g grüne Kardamomkapseln, Samen entfernt und zu Pulver zerstoßen (oder gemahlener Kardamom)
- 30 g gemahlene Gewürznelken
- 25 g schwarzer Pfeffer aus der Mühle

Für den Tee
- 1 EL Masala-Chai-Gewürzmischung
- 1 l Vollmilch
- 5 Beutel Schwarztee
- Kondensmilch, zum Servieren

Diese Kekse ähneln dem traditionellen Nimik, das genau genommen ein herzhaftes Gebäck ist, mir aber mit viel Puderzucker bestäubt besonders gut schmeckt. Ihr könnt euch die Kekse zubereiten, wie ihr sie am liebsten mögt: süß, herzhaft oder irgendwas dazwischen. Mit einer Tasse dampfend heißem Masala Chai genießen.

Für die Kekse Mehl, Salz, Zucker und Schwarzkümmelsamen in einer großen Schüssel gut vermischen. Eine Mulde in der Mitte formen, 100 ml kaltes Wasser hineingießen und die Zutaten mit der Palette vermengen. Mit den Händen zu einem Teig kneten, dessen Konsistenz irgendwo zwischen weichem Brotteig und festem Plätzchenteig liegt.

Eine 2,5 cm dicke Scheibe aus dem Teig formen, in Frischhaltefolie wickeln und mindestens 1 Stunde im Kühlschrank ruhen lassen. Inzwischen den Ofen auf 190 °C vorheizen und zwei Backbleche mit Backpapier auslegen.

Den gekühlten Teig auf der leicht bemehlten Arbeitsfläche 5 mm dick ausrollen. Mit einem runden Ausstecher 5 cm große Kreise ausstechen und auf das vorbereitete Backblech setzen. Teigreste zusammenkneten, erneut ausrollen und weitere Kreise ausstechen.

Im vorgeheizten Ofen 10–12 Minuten hellgolden backen. Auf dem Blech abkühlen lassen und dann in einen großen Behälter füllen. Den Puderzucker hinzufügen und den Behälter vorsichtig rütteln, damit die Plätzchen rundherum mit Zucker bestäubt werden. Bis zum Verzehr im verschlossenen Behälter aufbewahren.

Die Gewürze für den Masala Chai in einem sauberen Einmachglas mischen, das gleich auch zur Aufbewahrung dient. Die Mischung ist nicht nur für Tee geeignet, ihr könnt alles Mögliche damit würzen: Plätzchen, Kuchen, Porridge und Smoothies.

Für den Tee 1 EL Gewürzmischung, die Milch und die Teebeutel in einen Topf geben und zum Kochen bringen.

Sobald die Milch kocht, die Temperatur reduzieren und die Mischung abgedeckt 1 Stunde sanft köcheln lassen. Der Tee soll stark und aromatisch sein.

Zum Servieren je 1–2 EL Kondensmilch in die Becher geben. Den Tee durch ein feines Sieb in eine Kanne gießen, um einen Teil der Gewürze und die Teebeutel zu entfernen, und dann auf die Becher verteilen. Umrühren, und fertig! Falls ihr Lust auf mehr habt, ist genug Gewürzmischung übrig!

Chocolate-Chip-Cookies

225 g Butter
400 g Mehl
¾ TL Backpulver
¾ TL Natron
½ TL Salz
340 g Milchschokolade, gehackt
200 g feiner brauner Zucker
150 g weißer Zucker
2 Bio-Eier (Größe L)
2 Bio-Eigelb (Größe L)
1 TL Vanilleextrakt
1 TL Mandelextrakt (alternativ 1 Tropfen Bittermandelöl)
Meersalzflocken zum Bestreuen

ERGIBT 23 STÜCK   **ZUBEREITUNG** 20 MINUTEN, PLUS KÜHLZEIT   **BACKEN** 15 MINUTEN PRO BLECH (TEIGKUGELN KÖNNEN EINGEFROREN WERDEN; IN GEFRORENEM ZUSTAND BETRÄGT DIE BACKZEIT 20 MINUTEN)

Heutzutage kann man Heißhunger auf Süßes oder Herzhaftes schnell stillen, indem man kurz in den Supermarkt geht oder sich etwas liefern lässt. Die sofortige Erfüllung der Wünsche hat etwas für sich, es macht aber auch große Freude, etwas selbst zuzubereiten, das man eigentlich auch kaufen könnte. Wunderbar weiche Schokoladenkekse selbst zu backen, gehört zu den schönen Seiten des Lebens. Dabei ist es egal, ob man für sich selbst backt, für ein Büffet, zusammen mit Kindern oder als Ablenkung.

Die Butter zerlassen und abkühlen lassen.

In einer separaten Schüssel Mehl, Backpulver, Natron und Salz sorgfältig vermischen. Die gehackte Schokolade unterrühren.

Beide Zuckersorten, Eier, Eigelb, Vanille- und Mandelextrakt sorgfältig unter die zerlassene Butter rühren.

Eine Mulde in die Mitte der trockenen Zutaten formen und die flüssigen Zutaten hineingießen. Umrühren, bis ein fester Teig entstanden und die Schokolade gut untergemischt ist. Im Kühlschrank 30 Minuten ruhen lassen.

Ein Backblech mit Backpapier auslegen und den Teig in einzelne Portionen teilen (je etwa 60 g). Mir ist es nicht ganz so wichtig, dass ein Cookie exakt so aussieht wie der andere, eine gewisse Uniformität gefällt mir aber, daher lohnt sich das Abwiegen. Die Teigkugeln mit etwas Abstand auf das Blech setzen und mit Frischhaltefolie abdecken.

Jetzt kommt die Herausforderung: das Ruhenlassen. Ihr solltet die Teigkugeln für mindestens 4–5 Stunden in den Kühlschrank stellen, aber ich kann euch nur empfehlen, sie über Nacht dort ruhen zu lassen.

Wenn ihr zum Backen bereit seid, zwei Backbleche mit Backpapier auslegen und den Ofen auf 180 °C vorheizen. Etwa 6 Teigkugeln mit jeweils mindestens 5 cm Abstand auf jedes Backblech setzen. Ein wenig Salz auf jede Kugel streuen und die Cookies im vorgeheizten Ofen 14–16 Minuten backen. Sie sind soweit, wenn sie am Rand hellgolden sind. In der Mitte sollten sie noch recht blass sein – das ist mein Lieblingsteil: angenehm weich!

Mindestens 10 Minuten auf den Blechen ruhen lassen und dann zum vollständigen Abkühlen auf ein Kuchengitter setzen. Die Bleche wiederverwenden, um die nächsten Ladungen Cookies zu backen.

Knusprige Kaffee-Splitter

FÜR 2 GROSSE BLECHE
ZUBEREITUNG 20 MINUTEN   **BACKEN** 1 STUNDE

2 Bio-Eier, getrennt
120 g Zucker
2 TL Instant-Kaffeepulver von hoher Qualität
2 TL schwarze Sesamsamen
Vanille-Eis zum Servieren (nach Belieben)

Besonders gut gefällt mir an dieser einfachen, glutenfreien Leckerei, dass sich das Grundrezept mit verschiedenen Aromen, Toppings und Lebensmittelfarben unkompliziert variieren lässt. Diese Version ist relativ simpel. Die Kekse lassen sich gut aufbewahren (und essen) und sind auch als schnelle Dekoration für Torten und Cupcakes geeignet.

Das Eiweiß in eine große, absolut saubere Schüssel füllen und 100 g Zucker bereitstellen.

Den Ofen auf 150 °C vorheizen und zwei Backbleche mit Backpapier auslegen.

In einer kleinen Schüssel das Eigelb und 20 g Zucker glatt rühren. In einer weiteren Schüssel den Instant-Kaffee in 2 TL heißem Wasser auflösen und dann unter die Eigelbmischung rühren.

Das Eiweiß mit dem Handrührgerät (oder in der Standküchenmaschine) schaumig aufschlagen. Sobald sich das Volumen vergrößert, den Zucker teelöffelweise untermischen und jeweils mindestens 10 Sekunden rühren, damit sich die Kristalle vollständig auflösen. Das ist wichtig, denn sonst tritt später Flüssigkeit aus den gebackenen Stückchen aus. Nach jeder Zugabe außerdem mit dem Silikonteigschaber Zucker und Eischnee von den Schüsselwänden lösen, damit wirklich jedes Zuckerkristall untergemischt wird. Den Eischnee nun steif und glänzend aufschlagen.

Die Kaffee-Eigelb-Mischung aufschlagen, bis sie schön glänzt und sich ihr Volumen etwa vervierfacht hat. Sie soll nicht steif sein, sondern dickflüssig von den Quirlen laufen.

Den Eischnee auf die beiden Bleche verteilen und jeweils zu einem 30 cm großen Quadrat ausbreiten. Die Kaffee-Eigelb-Masse in schönen Wirbeln daraufgießen und mit Sesamsamen bestreuen.

Im vorgeheizten Ofen 1 Stunde backen, um die Masse vollkommen zu trocknen, damit sie schön knusprig wird. Vollständig abkühlen lassen und dann in ungleichmäßige Stücke brechen. Nach Belieben mit Vanille-Eis servieren. In einem luftdicht verschlossenen Behälter sind die Splitter lange haltbar.

Kekse & kleine Naschereien

Ingwer-Mandel-Florentiner

- 50 g weiche Butter, plus mehr für die Backbleche
- 50 g feiner brauner Zucker
- 50 g Golden Syrup (alternativ Zuckerrübensirup)
- 50 g Mehl
- 75 g kandierter Ingwer, fein gehackt
- 50 g gehobelte Mandeln
- Abrieb von 1 Bio-Orange
- 200 g dunkle Schokolade
- 60 g weiße Schokolade

ERGIBT 18 STÜCK **ZUBEREITUNG** 25 MINUTEN, PLUS RUHEZEIT **BACKEN** 15 MINUTEN

Kross, mürbe und weich zugleich sind diese Häppchen nicht nur ein köstlicher Snack für zu Hause – schön eingepackt sind sie wunderbar als Mitbringsel geeignet. Gespickt mit kandiertem Ingwer, Mandelblättchen und Orangenabrieb werden sie abschließend in Schokolade getunkt – und das trägt zur Party am Gaumen bei!

Den Ofen auf 200 °C vorheizen. Drei Backbleche mit Backpapier auslegen und leicht einfetten.

Die Florentiner sind so simpel, dass ihr sie bestimmt wieder zubereiten werdet: Einfach Butter, Zucker und Golden Syrup in einem mittelgroßen Topf sanft erhitzen, bis die Zuckerkristalle vollständig geschmolzen sind.

Den Topf vom Herd nehmen und Mehl, gehackten Ingwer, gehobelte Mandeln und Orangenabrieb sorgfältig untermischen.

Mit einem Teelöffel jeweils sechs gleich große Portionen mit Abstand auf jedes Blech setzen. Im vorgeheizten Ofen 8 Minuten backen, bis die Florentiner in der Mitte eine hellgoldene Farbe haben und am Rand nur ein klein wenig dunkler sind. Im heißen Zustand sind sie sehr empfindlich, also gebt ihnen 5 Minuten, bevor ihr überhaupt darüber nachdenkt, sie vom Blech zu nehmen.

Die leicht abgekühlten Florentiner mithilfe einer Winkelpalette zum Abkühlen vorsichtig auf ein Kuchengitter setzen. Sobald sie vollständig abgekühlt sind, können sie in Schokolade getunkt werden. Traditionell wird die Unterseite mit Schokolade überzogen, aber das passt mir nicht: Wo soll ich sie denn halten, wenn ich keine schokoladenverschmierten Finger haben möchte? Also dippe ich gerne eine Hälfte in die Schokolade. Keine verschmierten Finger und irgendwie zwei Florentiner in einem.

Also, die beiden Sorten Schokolade in separaten Schüsseln schmelzen. Die weiße Schokolade auf die dunkle Schokolade (in einer mittelgroßen Schüssel) träufeln und ein Holzstäbchen hindurchziehen, sodass eine Marmorierung entsteht.

Die Florentiner jeweils bis zur Hälfte in die Schokolade tunken und dann auf die mit Backpapier ausgelegten Bleche, auf denen sie gebacken wurden, legen. Ruhen lassen, bis die Schokolade fest ist.

→

Kekse & kleine Naschereien

Kekse & kleine Naschereien

Fenchel-Kokos-Grissini

40 g Kokosraspel, plus 3 EL zum Bestreuen
450 g Weizenmehl (Type 550), plus mehr zum Bestäuben
7 g Trockenhefe
1 TL Salz
2 TL Fenchelsamen, leicht zerstoßen
Pflanzenöl für die Folie
1 Bio-Eiweiß
1 TL Meersalzflocken

ERGIBT 12 STÜCK   **ZUBEREITUNG** 25 MINUTEN, PLUS RUHEZEIT   **BACKEN** 20 MINUTEN

Ja, man kann Grissini fast überall kaufen. Sie sind aber auch ganz leicht selbst gemacht – und so kann man die Geschmacksrichtungen variieren. Für mich hat die Zubereitung etwas Therapeutisches – eine Therapie, die später gegessen werden kann. Eine bessere Methode zum Entspannen fällt mir nicht ein. Diese Fenchel-Grissini werden in Kokosraspel gewälzt. Ich finde es fantastisch, dass sie gleichzeitig süß und herzhaft sind, denn so kann man sie in Erdnussbutter, Schoko-Aufstrich, Tomaten-Konfitüre oder Zwiebel-Chutney dippen. Alles köstlich!

Die Kokosraspel auf zwei Backblechen verteilen.

Mehl, Hefe, Salz und Fenchelsamen in einer großen Schüssel vermischen. Eine Mulde in die Mitte formen und 250 ml warmes Wasser hineingeben. Die Zutaten mit einem Messer vermengen und dann mit den Händen zu einem Teig verkneten.

Den Teig auf der leicht bemehlten Arbeitsfläche etwa 10 Minuten durchkneten (oder 5 Minuten in der Standküchenmaschine auf hoher Stufe).

Dann in 12 gleichmäßige Portionen teilen (um genau zu sein, je etwa 60 g) und auf der leicht bemehlten Arbeitsfläche jeweils hin und her rollen, sodass etwa 25 cm lange Stangen entstehen. Ich mag die Unregelmäßigkeit der Grissini. Jede Stange hat eine Delle oder eine andere Besonderheit.

Die Teigstangen mit ein paar Zentimetern Abstand auf die Backbleche legen. Lose mit leicht gefetteter Frischhaltefolie abdecken und an einem warmen Ort gehen lassen, bis sich ihr Volumen verdoppelt hat.

Inzwischen den Ofen auf 220 °C vorheizen.

Das Eiweiß mit 1 EL Wasser verquirlen. Die Frischhaltefolie entfernen, die Grissini mit dem Eiweiß bestreichen und die Meersalzflocken und extra Kokosraspel darüberstreuen. Auf der oberen Einschubleiste 10 Minuten backen. Dann mit Alufolie abdecken, damit die Kokosraspel nicht anbrennen, und die Grissini 10 Minuten goldbraun backen.

Aus dem Ofen nehmen und auf den Blechen vollständig abkühlen lassen. Jetzt könnt ihr die Grissini nach Belieben mit Dips genießen!

Pikantes Kichererbsen-Knäckebrot

300 g Kichererbsenmehl, gesiebt, plus mehr zum Bestäuben
2 TL Chiliflocken
1 TL Paprikapulver
1 TL Salz
½ TL Backpulver
30 g weiches Ghee oder weiche Butter
1 TL Honig
1 Bio-Eiweiß
2 TL Kreuzkümmelsamen
1 TL Currypulver

ERGIBT ETWA 30 STÜCK **ZUBEREITUNG** 20 MINUTEN
BACKEN 20 MINUTEN

Als Kind sah ich meine Mutter oft pikante Snacks zum Tee essen – sehr unbritisch. Ich verstand das erst, als ich selbst anfing, Tee zu trinken. Es passt einfach gut – vor allem dann, wenn der Tee süß und der Snack herzhaft ist. Diese pikanten Knäckebrote müssen nicht zum Tee gegessen werden, auch als Grundlage für Käse oder Chutney sind sie hervorragend geeignet. Aber zu einer simplen Tasse Tee schmecken sie einfach großartig.

Den Ofen auf 200 °C vorheizen und zwei Backbleche bereitstellen.

Das Kichererbsenmehl in eine Schüssel sieben. Das ist wichtig, weil Kichererbsenmehl einen höheren Feuchtigkeitsgehalt hat als Weizenmehl und daher zu Klumpen neigt. Chiliflocken, Paprika, Salz und Backpulver sorgfältig untermischen.

Ghee (oder Butter) und Honig hinzufügen und per Hand vermengen, bis keine größeren Fettklümpchen mehr in der Mischung sind. Eine Mulde in die Mitte formen, 85 ml kaltes Wasser hineingießen und mit einem Messer untermischen. Die Zutaten nun mit den Händen zu einem festen Teig kneten. Falls dieser zu trocken und krümelig ist, teelöffelweise mehr kaltes Wasser untermischen.

Den Teig halbieren. Die erste Hälfte auf der leicht mit Kichererbsenmehl bestäubten Arbeitsfläche ausrollen.

Den ausgerollten Teig auf ein Stück Backpapier in der Größe des Backbleches legen und auf diesem Papier weiter ausrollen. So lässt er sich später besser auf das Blech legen. So dünn wie möglich ausrollen, etwa 1,5 mm dick, dabei nach Bedarf auch den Teigroller bestäuben.

Den ausgerollten Teig mitsamt Backpapier auf ein Blech legen. Die zweite Teighälfte ebenso ausrollen und auf dem zweiten Backblech platzieren. Mit einer Gabel die Oberfläche mehrmals einstechen, damit sich beim Backen keine Blasen bilden.

Das Eiweiß mit 1 EL Wasser verquirlen und die Teigoberfläche damit bestreichen. Mit Kreuzkümmelsamen bestreuen und mit Currypulver bestäuben. Im vorgeheizten Ofen 18–20 Minuten backen, bis die Teigmitte trocken ist.

Vollständig abkühlen und kross werden lassen. Die getrockneten Teigblätter in Splitter brechen und ganz nach Belieben genießen.

Kekse & kleine Naschereien

Pfefferminz-Nanaimo-Schnitten

ERGIBT 16 STÜCK (UND 2 MILCHSHAKES) **ZUBEREITUNG** 25 MINUTEN, PLUS KÜHLZEIT (10 MINUTEN FÜR DIE MILCHSHAKES) **BACKEN** 5 MINUTEN

Für den Keksboden

125 g Butter, plus mehr für die Form
50 g Zucker
40 g Kakaopulver
1 Bio-Ei, verquirlt
200 g Weizenkekse, zerstoßen
100 g Kokosraspel
50 g Mandelkerne, grob gehackt

Für die Pfefferminzcreme

100 g weiche Butter
2 EL Vollmilch
250 g Puderzucker, gesiebt
ein paar Tropfen Pfefferminzextrakt
ein paar Tropfen grüne Lebensmittelfarbe
6 Pfefferminz-Schokoladen-Täfelchen, grob gehackt oder zerbröckelt

Für den Milchshake

3 Nanaimo-Riegel
2 Kugeln Vanilleeis
1 kleine Handvoll frische Minzeblätter
300 ml Vollmilch
Schokoladensauce
Sprühsahne
Schokoladen-Chips oder gehobelte Schokolade
2 Stängel frische Pfefferminze

Wenn ich Urlaub plane, informiere ich mich zuerst immer über das Essen. Meine Kinder machen das auch gerne. Als wir uns entschieden hatten, nach Kanada zu reisen, gingen wir also sofort online und gaben »Was man in Kanada essen sollte« in eine Suchmaschine ein. Es wurden eine Menge Lebensmittel vorgeschlagen, Nanaimo Bars stachen aber besonders hervor. Meine Version dieser Schnitten besteht aus einem schokoladigen Keksboden und einer süßen Pfefferminzcreme mit Schokoladen-Chips – denn auf das Wort Minze sollten immer die Worte Schokoladen-Chips folgen! Es lässt sich auch ein großartiger Milchshake damit zubereiten. Nur so zur Info…

Eine quadratische Backform mit 23 cm Seitenlänge mit Backpapier auslegen und leicht einfetten.

Für den Keksboden Butter, Zucker und Kakaopulver in einem mittelgroßen Topf sanft erhitzen, bis die Butter und der Zucker geschmolzen sind. Den Topf vom Herd nehmen und etwa 10 Minuten abkühlen lassen.

Das Ei zügig unterrühren, bis eine dickflüssige Masse entstanden ist. Kekse, Kokosraspel und Mandeln sorgfältig untermischen. Gleichmäßig in der vorbereiteten Form verteilen und andrücken. Im Kühlschrank 30 Minuten ruhen lassen.

Für die Pfefferminzcreme Butter und Milch in einer Schüssel verrühren. Den Puderzucker unterrühren und das Ganze dann mit dem Schneebesen oder Handrührgerät hell und schaumig aufschlagen. Den Pfefferminzextrakt untermischen und die Creme mit ein paar Tropfen Lebensmittelfarbe minzgrün einfärben. Zum Schluss die gehackten Pfefferminz-Schoko-Täfelchen gleichmäßig unterheben.

Die Pfefferminzcreme gleichmäßig auf dem gekühlten Boden verstreichen und eine weitere halbe Stunde im Kühlschrank ruhen lassen. Dann in Riegel schneiden und schon könnt ihr reinhauen. Ein Glas Milch passt hervorragend dazu.

Für die Milchshakes die Nanaimo-Riegel, Eiscreme, Minze und Milch im Mixer fein pürieren. Schokoladensauce an die Innenseiten von zwei hohen Gläsern spritzen und den Milchshake hineinfüllen. Mit Sprühsahne, Schokoladen-Chips oder -hobeln und frischer Minze garnieren. Schon seid ihr soweit!

Siebtes Kapitel

BROT
& BRÖTCHEN

Cornish Splits

ERGIBT 9 STÜCK
ZUBEREITUNG 30 MINUTEN, PLUS RUHEZEIT
BACKEN 25 MINUTEN

Für die Brötchen
370 g Weizenmehl (Type 550), plus mehr zum Bestäuben
30 g weiche Butter, plus mehr für das Backblech
7 g Trockenhefe
2 TL Zucker
¼ TL feines Salz
300 ml warme Milch

Für die schnelle Konfitüre
400 g TK-Erdbeeren, aufgetaut
100 g Zucker
Abrieb und Saft von 1 Bio-Limette
2 TL Maisstärke

Für die Füllung
400 g flüssige Schlagsahne
2 EL Puderzucker, plus 1 EL zum Bestäuben
1 TL Vanilleextrakt
Butter zum Bestreichen

Diese herrlichen kleinen Köstlichkeiten gehören zu den Dingen, die mich daran erinnern, warum ich Essen liebe – denn häufig sind die einfachsten Rezepte die leckersten. Bei dieser ursprünglich aus Cornwall stammenden Spezialität handelt es sich um kleine Hefebrötchen, gefüllt mit Erdbeerkonfitüre und serviert mit einem großen Kleks Schlagsahne. Was könnte besser sein? Nichts, wenn ihr mich fragt!

Zuerst den Teig zubereiten. Das Mehl in eine große Schüssel geben und die Butter mit den Fingerspitzen hineinreiben, bis keine Klümpchen mehr zu erkennen sind. Hefe und Zucker auf eine Seite dieser Mischung geben, eine Prise Salz auf die andere Seite.

Eine Mulde in die Mitte formen und die warme Milch hineingießen. Die Zutaten mit der Palette zu einem Teig vermengen.

Jetzt ist es Zeit zum Kneten. Da der Teig sehr klebrig ist, überlässt man das am besten dem Standmixer. Auf mittlerer Stufe mit dem Knethaken dauert es etwa 6 Minuten. Mit gut bemehlten Händen geht es auch (die Hände immer wieder mit Mehl bestäuben, wenn es zu klebrig wird) und dauert etwa 10 Minuten. Sobald der Teig glatt und elastisch ist, muss er abgedeckt an einem warmen Ort gehen, bis er sein Volumen verdoppelt hat.

Inzwischen die schnelle Konfitüre zubereiten: Erdbeeren und Zucker in einem Topf vermischen. Den Limettenabrieb hinzufügen. Maisstärke in einer kleinen Schüssel im Limettensaft anrühren und zu den Erdbeeren geben. Auf mittlerer Stufe erhitzen und unter gelegentlichem Rühren etwa 5 Minuten sanft köcheln lassen, bis die Mischung leicht angedickt ist. Vom Herd nehmen und vollständig abkühlen lassen.

Den aufgegangenen Teig auf die leicht bemehlte Arbeitsfläche geben.

Den Teig zu einer Rolle formen und in 9 gleichmäßige Stücke schneiden. Wenn ihr ganz genau sein möchtet: pro Portion sind das 70–75 g.

Diese Teiglinge mit Abstand auf ein leicht gefettetes Backblech setzen und abgedeckt mit leicht gefetteter Frischhaltefolie auf das doppelte Volumen aufgehen lassen.

Den Ofen auf 200 °C vorheizen.

Die Brötchen 15 Minuten backen und dann auf einem Kuchengitter vollständig abkühlen lassen.

→

Inzwischen Sahne, Puderzucker und Vanilleextrakt in einer Schüssel mischen und steif schlagen. Die Schlagsahne in einen Spritzbeutel füllen.

Sobald die Brötchen etwas abgekühlt sind, werden sie aufgeschnitten (daher der Name Cornish Splits), von oben links schräg nach unten rechts. Nicht durchtrennen – sonst habt ihr Cornish Burgers!

Die untere Hälfte großzügig mit Butter bestreichen, mit einem Löffel etwas Konfitüre hineinfüllen und zum Schluss Sahne in die Brötchen spritzen.

Mit Puderzucker bestäuben und gleich essen. Hier wird nicht getrödelt!

Marmoriertes Zimtbrot

ERGIBT 1 LAIB **ZUBEREITUNG** 35 MINUTEN, PLUS RUHEZEIT **BACKEN** 30 MINUTEN

Für das Brot
- 500 g Weizenmehl (Type 550), plus mehr zum Bestäuben
- 2 TL gemahlener Zimt
- 2 TL feines Salz
- 7 g Trockenhefe
- 3 EL Pflanzenöl, plus für die Form

Für die Marmorierung
- 2 EL Kakaopulver
- 2 EL Zucker

Für den Überzug
- 1 EL Weizenmehl (Type 550)
- 1 TL Kakaopulver
- ½ TL Trockenhefe
- 1 Prise Salz
- 1 EL Zucker
- 1 EL Pflanzenöl
- gesalzene Butter zum Servieren

Der Teig in diesem Rezept ist sehr einfach und perfekt geeignet, wenn man einfaches Hefebrot backen möchte. Aber warum nicht etwas Besonderes daraus machen, wenn es möglich ist? Ich mag gerne das gewisse Etwas – auch in diesem Fall. Daher aromatisiere ich den Teig mit duftendem Zimt und arbeite eine süße Kakaomarmorierung hinein. Die Oberfläche bestreiche ich mit einem Kakao-Überzug, die beim Backen schön kross wird.

Für den Teig das Mehl in eine Schüssel füllen. Zimt und Salz auf die eine Seite geben, die Hefe auf die andere. Das Öl untermischen. Eine Mulde in die Mitte formen und 300 ml lauwarmes Wasser hineingießen. Die Zutaten zu einem Teig verarbeiten.

Jetzt muss der Teig geknetet werden, bis er glatt, glänzend und elastisch ist. Entweder per Hand auf der leicht bemehlten Arbeitsfläche (das dauert etwa 10 Minuten) oder im Standmixer mit dem Knethaken auf mittlerer Stufe (das dauert 6 Minuten).

Den Teig zu einer Kugel formen, in eine leicht gefettete Schüssel geben und mit Frischhaltefolie abdecken. An einem warmen Ort abgedeckt mit Frischhaltefolie aufgehen lassen, bis sich das Volumen verdoppelt hat.

Den gegangenen Teig kurz und kräftig durchkneten und auf die leicht bemehlte Arbeitsfläche geben.

Eine Kastenform mit 900 ml Fassungsvermögen einfetten. Den Teig zu einem 40 x 25 cm großen Rechteck ausrollen. Für die Marmorierung Kakaopulver und Zucker in einer kleinen Schüssel vermischen und dann gleichmäßig über den Teig streuen.

Den Teig von einer der kurzen Seiten her eng aufrollen. Die Naht mit den Fingerspitzen zusammendrücken, damit keine Füllung austreten kann.

Mit der Nahtstelle nach unten in die Kastenform legen und die Seiten unter die Rolle schieben. Mit der eingefetteten Frischhaltefolie vom ersten Aufgehen abdecken und erneut gehen lassen, bis sich das Volumen verdoppelt hat.

Inzwischen Mehl, Kakao, Hefe, Salz, Zucker, Öl und 1 EL Wasser für den Überzug glatt rühren.

Den Ofen auf 220 °C vorheizen. Sobald sich das Volumen des Teigs verdoppelt hat, die Frischhaltefolie entfernen und den Teig großzügig mit dem Überzug bestreichen.

Im vorgeheizten Ofen 25–30 Minuten backen. Aus dem Ofen nehmen und in der Form vollständig abkühlen lassen.

Zum Servieren in Scheiben schneiden, großzügig mit Butter bestreichen und genießen.

Brot & Brötchen 183

Sauerkirsch-Hefeschnecken

ERGIBT 12 STÜCK
ZUBEREITUNG 30 MINUTEN, PLUS RUHE- UND EINWEICHZEIT   BACKEN 20 MINUTEN

Für die Brötchen
450 g Weizenmehl (Type 550), plus mehr zum Bestäuben
50 g Butter, gewürfelt, plus mehr für die Backbleche
14 g Trockenhefe
50 g Zucker
1 TL feines Salz
1 TL gemahlene Muskatnuss
1 Bio-Ei, verquirlt
150 ml warme Milch

Für die Kirschfüllung
200 g gefriergetrocknete Kirschen (oder gemischte getrocknete Beeren und Kirschen)
1 TL Mandelextrakt (alternativ 2–3 Tropfen Bittermandelöl)
25 g weiche Butter
25 g Zucker
12 Belegkirschen

Für die Zuckerglasur
100 g Zucker

Diese süßen Gebäckstücke ähneln den Zimtschnecken, die in wohlbekannten skandinavischen Möbelgeschäften verkauft werden. Dort wünsche ich mir immer, dass das Café am Eingang wäre, vor der endlosen Reihe aus Pfeilen, um Energie für den Einkaufstrip tanken zu können. Allerdings trösten mich diese Stückchen am Ende immer darüber hinweg, dass ich mehr gekauft habe, als ich wollte. In meiner Version enthält das Gebäck keinen Zimt und wird stattdessen mit Muskatnuss abgeschmeckt, mit einer Sauerkirschpaste gefüllt, mit Zuckerglasur überzogen und mit einer Belegkirsche gekrönt.

Das Mehl in eine große Schüssel füllen und die Butter mit den Fingerspitzen hineinreiben. Hefe, Zucker und Muskatnuss auf eine Seite geben, das Salz auf die andere. Eine Mulde in die Mitte formen.

Ei und Milch verrühren und in die Mulde gießen. Die Zutaten mit der Palette zu einem Teig verarbeiten. Falls die Mischung zu trocken ist und sich nicht verbindet, tröpfchenweise bis zu 75 ml lauwarmes Wasser hinzufügen.

Auf der leicht bemehlten Arbeitsfläche 10 Minuten per Hand oder in der Küchenmaschine 6 Minuten kneten. Den glatten, elastischen Teig an einem warmen Ort abgedeckt gehen lassen, bis er sein Volumen verdoppelt hat.

Die getrockneten Kirschen in eine Schüssel geben, 300 ml kochendes Wasser darübergießen und mindestens 1 Stunde ziehen lassen, bis die Früchte weich sind. Das Wasser abgießen und die Kirschen per Hand ausdrücken, um überschüssige Flüssigkeit zu entfernen. In den Mixer geben, Mandelextrakt, Butter und Zucker hinzufügen und glatt pürieren.

Zwei Backbleche mit Backpapier auslegen und leicht einfetten.

Den Teig auf der leicht bemehlten Arbeitsfläche zu einem 25 x 45 cm großen Rechteck ausrollen.

Die Füllung gleichmäßig bis zum Rand darauf verstreichen und den Teig von einer der Längsseiten her fest aufrollen. Die Rolle in 12 gleichmäßige Scheiben schneiden und diese mit Abstand auf die Bleche legen. Die Scheiben leicht flach drücken, damit sie gleichmäßig aufgehen. Mit eingefetteter Frischhaltefolie abdecken und nochmals ruhen lassen, bis sich das Volumen verdoppelt hat.

Den Ofen auf 180 °C vorheizen. Auf die Mitte jeder Teigschnecke eine Belegkirsche setzen und sie dann im vorgeheizten Ofen 20 Minuten goldbraun backen.

Inzwischen die Glasur vorbereiten: Den Zucker in 30 ml heißem Wasser auflösen und die Hefeteigschnecken damit bestreichen, sobald sie aus dem Ofen kommen.

Dazu schmeckt ein Heißgetränk hervorragend. Oder, noch besser, ihr nehmt euch eine frische Hefeschnecke als Stärkung für intensive Shopping-Trips mit.

Brioche mit Schokocreme-Füllung

ERGIBT 10 STÜCK **ZUBEREITUNG** 40 MINUTEN, PLUS RUHEZEIT **BACKEN** 35 MINUTEN

Für den Briocheteig

375 g Weizenmehl (Type 550), plus mehr zum Bestäuben
1 TL feines Salz
7 g Trockenhefe
175 g kalte Butter, plus mehr für die Form
4 Bio-Eier
kalte Vollmilch

Für die Schokoladen-Anis-Creme

250 ml Vollmilch
3 ganze Sternanis
4 Bio-Eigelb
100 g Zucker
1 TL Vanillepaste
20 g Maisstärke
20 g Kakaopulver
20 g Butter

Außerdem

1 Bio-Ei, verquirlt
Zuckerperlen oder Zuckerstreusel zum Garnieren (optional)
220 g Pfirsiche (aus der Dose), in Spalten geschnitten

Ich bin großer Fan von Brioche und esse sie in allen möglichen Varianten gerne. In dieser Form ganz besonders: Süßer, weicher Briocheteig, gefüllt mit Schokoladencreme, die mit einem Hauch Anis abgeschmeckt wurde, und gekrönt von einer saftigen Pfirsichspalte. Sieht luftig aus, liegt aber angenehm schwer in der Hand und dieser Kontrast zaubert mir ein Lächeln auf die Lippen. Ich mag reichhaltiges Gebäck und diese Brioche sind genau das – und dabei auch noch leicht und elegant.

Mehl, Salz und Hefe in einer großen Schüssel vermischen. Die Butter in kleinen Flöckchen untermischen, sodass sie mit Mehl bedeckt sind.

Die Eier in einem Messbecher leicht verquirlen. Mit Milch auf insgesamt 250 ml Flüssigkeit auffüllen. Eine Mulde in die Mitte der trockenen Zutaten formen und die Eiermischung hineingießen. Mit der Palette zu einem Teig verarbeiten.

Den Teig auf der leicht bemehlten Arbeitsfläche 10 Minuten per Hand oder in der Standküchenmaschine mit dem Knethaken 6 Minuten kneten (ich empfehle die Standküchenmaschine, falls ihr eine habt, denn der Teig ist ziemlich klebrig). Das Kneten macht den Teig fester und elastischer, und man sollte sehen können, dass er von Butterstreifen durchzogen ist.

Den Teig in einer leicht eingefetteten Schüssel mit Frischhaltefolie abgedeckt 2 Stunden gehen lassen, bis sich sein Volumen verdoppelt hat.

Inzwischen die Schokoladencreme zubereiten: Milch und Sternanis auf hoher Stufe zum Kochen bringen und dann gleich vom Herd nehmen.

In einer Schüssel Eier, Zucker, Vanillepaste, Maisstärke und Kakaopulver glatt rühren.

Sternanis aus der Milch nehmen und die heiße Milch unter ständigem Rühren mit dem Schneebesen sehr langsam unter die Eiermasse mischen.

Diese Mischung zurück in den Topf gießen und unter ständigem Rühren mit dem Schneebesen auf mittlerer Stufe etwa 3 ½ Minuten erhitzen, bis eine schön dicke Schokoladencreme entstanden ist.

Vom Herd nehmen, die Butter sorgfältig unterrühren und die Creme dann in eine saubere Schüssel füllen. Mit Frischhaltefolie abdecken – direkt auf der Oberfläche, damit keine Haut entsteht – und etwa 10 Minuten abkühlen lassen. Dann zum vollständigen Abkühlen in den Kühlschrank stellen.

Wenn sich das Volumen des Teigs verdoppelt hat, die Arbeitsfläche leicht mit Mehl bestäuben und den Teig in 10 gleichmäßige Portionen teilen (à 75–80 g).

Die Mulden eines Muffinblechs einfetten. Die Teigkugeln in knapp 1 cm dicke Kreise (12 cm Ø) ausrollen und in das Muffinblech legen. Den Daumen in den Teig drücken, sodass eine Vertiefung für die Schokoladencreme entsteht. Dabei entsteht ein leichter Überhang – das ist gewollt.

Mit leicht eingefetteter Frischhaltefolie abdecken und 20 Minuten gehen lassen.

Den Ofen auf 180 °C vorheizen. Die abgekühlte Schokoladencreme in einen Spritzbeutel füllen (alternativ könnt ihr sie auch auf den Teig löffeln). Falls die Creme sehr fest ist, rührt sie kräftig mit einem Löffel um, bis sie wieder schön glänzt.

Die Ränder der Brioche-Schalen mit verquirltem Eigelb bestreichen und Zuckerperlen (oder eine andere Zuckerdeko nach Belieben) daraufstreuen. Schokoladencreme in jede Mulde spritzen oder löffeln und jeweils eine Pfirsichspalte direkt darauflegen.

Im vorgeheizten Ofen 25 Minuten backen, bis der Teig am Rand goldbraun ist. Aus dem Ofen nehmen und 20 Minuten in der Form ruhen lassen. Dann können die Brioche herausgelöst werden. Sie schmecken warm und kalt köstlich und sind perfekt zum Frühstück oder Brunch geeignet – und zu jeder anderen Tageszeit auch, finde ich.

Brioche mit Zitrusfüllung und Baiserhaube

ERGIBT 14 STÜCK
ZUBEREITUNG 50 MINUTEN, PLUS RUHEZEIT
BACKEN 35 MINUTEN

Für die Brötchen

500 g Weizenmehl (Type 550), plus mehr zum Bestäuben

175 g sehr weiche Butter

1 TL Salz

7 g Trockenhefe

Abrieb von 1 Bio-Zitrone (den Saft für den Curd verwenden)

Abrieb von 1 Bio-Orange (den Saft für den Curd verwenden)

4 Bio-Eier, leicht verquirlt

etwas Vollmilch

100 g Zitronat und Orangeat

Für den Zitrus-Curd

frisch gepresster Saft von Zitrone und Orange (siehe oben)

150 g Zucker

2 EL Maisstärke

3 Bio-Eigelbe (das Eiweiß für die Baisermasse aufbewahren) und

1 Bio-Ei

100 g weiche Butter

Für die Baisermasse

150 g Zucker

3 Bio-Eiweiß (Größe L)

¼ TL feines Salz

¼ TL Weinsteinpulver

Diese kleinen Schönheiten sind meine Interpretation des französischen Klassikers Brioche polonaise. Sie bestehen aus luftigen, buttrigen Brioche-Brötchen mit Orangeat und Zitronat, die aufgeschnitten und mit Zitrus-Curd (statt der traditionellen Crème Pâtissière) gefüllt werden. Jedes bekommt eine Baiserhaube, die hellgolden abgeflämmt wird. Ich gebe zu, das ist nicht gerade authentisch, aber ich mag diese Aromen und habe daher etwas daraus zusammengewürfelt, das ich ganz das Meine nennen darf.

Zuerst den Teig zubereiten. Das Mehl in eine große Schüssel oder die Schüssel der Standküchenmaschine füllen.

Die Butter in sehr kleinen Flöckchen hinzufügen. Das Salz auf eine Seite der Mischung geben, die Hefe auf die andere. Orangen- und Zitronen-Abrieb dazugeben und alles sorgfältig vermischen.

Die Eier in einem Messbecher leicht verquirlen. Mit Milch auf 250 ml Flüssigkeit auffüllen (falls die Eier bereits 250 ml ergeben, müsst ihr keine Milch mehr dazugeben).

Eine Mulde in die Mehlmischung formen und die flüssigen Zutaten hineingießen. Entweder per Hand zu einem Teig verarbeiten und diesen auf der leicht bemehlten Arbeitsfläche kneten, bis er glatt und elastisch ist (das dauert etwa 10 Minuten), oder in der Standküchenmaschine mit dem Knethaken vermengen und dann 6 Minuten auf mittlerer Stufe kneten. Zum Schluss Orangeat und Zitronat kurz unterkneten. Den Teig zu einer Kugel formen und in einer leicht eingefetteten Schüssel, abgedeckt mit Frischhaltefolie, im Kühlschrank 2 Stunden gehen lassen.

Inzwischen den Curd zubereiten. Zitrone und Orange direkt in einen Topf auspressen. Zucker, Maisstärke, Eigelb, Ei und Butter hinzufügen und mit dem Schneebesen glatt rühren.

→

Auf mittlerer bis niedriger Stufe unter Rühren dicklich einkochen. Das dauert nur ein paar Minuten. Den Curd sofort in eine saubere Schüssel umfüllen. Mit Frischhaltefolie abdecken, direkt auf der Oberfläche, damit sich keine Haut bildet, und abkühlen lassen.

Jetzt die Baisermasse zubereiten: Zucker, Eiweiß, Salz und Weinsteinpulver in einer hitzebeständigen Schüssel mischen. Die Schüssel auf einen zur Hälfte mit kochendem Wasser gefüllten Topf setzen. Darauf achten, dass der Boden der Schüssel nicht mit dem Wasser in Berührung kommt, sonst gibt es Rührei.

Das Ganze auf den Herd stellen und auf mittlerer Stufe unter Rühren 3 Minuten erhitzen, bis der Zucker aufgelöst ist.

Das Eiweiß nun mit dem Handrührgerät auf hoher Stufe aufschlagen, bis es eine Temperatur von 68–72 °C erreicht (mit dem Küchenthermometer prüfen) – das kann bis zu 10 Minuten dauern.

Sobald die gewünschte Temperatur erreicht ist, die Schüssel vom Herd nehmen und den Eischnee weiter aufschlagen, bis er lauwarm und sehr steif ist. Vollständig abkühlen lassen und dann abgedeckt im Kühlschrank aufbewahren.

Den aufgegangenen Teig auf die leicht bemehlte Arbeitsfläche geben.

Ein Backblech mit Backpapier auslegen.

Den Teig 1 cm dick ausrollen. Mit einem runden Ausstecher mit gewelltem Rand (7 cm Ø) 14 Kreise ausstechen und mit Abstand auf das vorbereitete Blech setzen.

Abgedeckt mit eingefetteter Frischhaltefolie 15 Minuten gehen lassen.

Den Ofen auf 220 °C vorheizen. Die Frischhaltefolie von den Teigkreisen entfernen und diese im vorgeheizten Ofen 12–15 Minuten backen.

Aus dem Ofen nehmen und vollständig abkühlen lassen.

Den Curd durch ein feines Sieb streichen, falls sich Klümpchen darin gebildet haben. Die Brioche wie Brötchen aufschneiden und mit Curd füllen.

Die Baisermasse mit einem Löffel gleichmäßig auf Oberfläche der gefüllten Brioche geben, sodass sie jeweils kleine Spitzen bildet.

Zum Schluss das Baiser mit dem Flambierer oder unter dem Backofengrill leicht bräunen und die Brioches gleich genießen!

Arabische Pfannkuchen
mit Pistazien-Minze-Honig

ERGIBT 10 STÜCK **ZUBEREITUNG** 40 MINUTEN, PLUS RUHEZEIT **BACKEN** 40 MINUTEN

Für die Pfannkuchen
- 400 g Mehl
- ¼ TL Salz
- 1 TL Backpulver
- 1 EL Zucker
- 1 Bio-Ei, leicht verquirlt
- 1 l Pflanzenöl zum Einfetten und Backen
- 50 g Hartweizengrieß zum Bestäuben

Für den Pistazien-Minze-Honig
- 50 g Pistazienkerne
- 2 EL Öl
- 3 TL getrocknete Minze
- 340 g flüssiger Honig

Msemmen, wie diese Pfannkuchen eigentlich heißen, sind mir das erste Mal online begegnet (ich sah ein Video, in dem sie gegessen wurden). Sie sahen nicht aus wie Naan oder Chapati, aber sie waren sicherlich Teil einer Landesküche und ich wollte unbedingt herausfinden, woher sie stammen. Endlich fand ich dann ein Rezept für dieses pfannkuchenartige Gebäck aus Marokko. Ich bin mir immer noch nicht sicher, wie man den Namen genau ausspricht, aber es ist vielleicht auch nicht so wichtig, denn diese köstlichen, quadratischen Pfannkuchen sind einfach zu gut. Ich war noch nie in Marokko, will aber immer gleich einen Flug buchen, wenn ich an diese goldenen Leckereien denke.

Mehl, Salz, Backpulver und Zucker in einer großen Schüssel vermischen. Das Ei hinzufügen und nach und nach 300 ml lauwarmes Wasser unterrühren.

Die Arbeitsfläche leicht mit Öl einfetten und den Teig darauf 5 Minuten von Hand durchkneten. Falls er klebt, abwechselnd Hände und Arbeitsfläche leicht einfetten. Wenn ihr beides gleichzeitig einölt, werdet ihr ins Schlittern geraten. Der Teig ist fertig, wenn er glatt und elastisch ist. Ein leicht eingeöltes Backblech bereitstellen. Öl spielt eine sehr wichtige Rolle in diesem Rezept!

Die Hände großzügig einölen, ebenso die Teigkugel. Den Teig in gleich große Stücke teilen (à etwa 60–65 g), insgesamt 10 Stück.

Die Teigstücke nacheinander auf der Arbeitsfläche flach drücken und die Ränder dann Stück für Stück nach innen falten, bis eine Kugel entstanden ist. Mit der Naht nach unten auf die Arbeitsfläche setzen und die Kugel mit der Handfläche rollen, bis sie richtig rund und glatt ist.

Auf das gefettete Blech setzen und mit einem feuchten Küchentuch abgedeckt 15 Minuten gehen lassen.

Den Hartweizengrieß in eine Schüssel füllen und einen Löffel bereitlegen.

Die Arbeitsfläche einfetten. Eine Teigkugel daraufsetzen und mit der Hand so flach drücken, dass man fast hindurchsehen kann. Aufpassen, dass der Teig nicht einreißt – das geht schnell.

Mit Hartweizengrieß bestreuen. Dann das untere Drittel nach oben falten und wieder mit Grieß bestreuen. Das obere Drittel nun nach unten falten und den Teig erneut mit Grieß bestreuen. So entsteht ein längliches Rechteck aus drei Lagen Teig.

Jetzt von links her ein Drittel nach innen falten. Mit Grieß bestreuen. Das rechte Drittel nach innen falten. So entsteht ein Quadrat. Falls das nicht der Fall ist, keine Panik – lecker schmeckt es trotzdem. Das Teigquadrat zurück auf das Blech legen und den Vorgang mit den anderen Teigkugeln wiederholen.

Mit dem feuchten Küchentuch abdecken und 15 Minuten gehen lassen.

Inzwischen den Pistazien-Minze-Honig zubereiten: Pistazien und Öl im Mixer zu einer glatten Paste verarbeiten. Minze und Honig hinzufügen und glatt pürieren. Zurück in das Honigglas (oder eine kleine Servierschüssel) füllen und beiseitestellen. Im Einmachglas ist der Honig bis zu einem Monat haltbar – aber er hält sich nicht so lange, weil ihr ihn mit diesen blättrigen Schönheiten essen werdet. Versprochen!

Jetzt werden die Pfannkuchen gebacken. Die Arbeitsfläche einfetten (ich habe doch gesagt, für dieses Rezept braucht ihr eine Menge Öl!) und eines der Quadrate darauflegen. Mit der Teigrolle zu einem mindestens dreimal so großen Quadrat ausrollen (15 x 15 cm). Mit den anderen kleinen Quadraten wiederholen und die ausgerollten Quadrate übereinander auf ein Backblech legen. Durch das Öl kleben sie nicht aneinander.

Zum Backen etwas Öl in einer Pfanne mit Antihaftbeschichtung auf mittlerer bis hoher Stufe erhitzen. Unsere Herde sind alle unterschiedlich, ihr werdet mit dem ersten Pfannkuchen aber ein Gefühl dafür entwickeln, welche Stufe für euch passt.

Einen Pfannkuchen in das heiße Öl geben und 3 Minuten backen. Dann wenden und von der anderen Seite 1 weitere Minute backen. Die Pfannkuchen gehen beim Backen leicht auf und bekommen schön dunkelbraune Stellen.

Mit den anderen Pfannkuchen wiederholen und die gebackenen Exemplare in das Küchentuch wickeln, damit sie weich und warm bleiben.

Zum Genießen mit dem Pistazien-Minze-Honig bestreichen und aufrollen. Dazu serviert man am besten eine Tasse dampfend heißen Minzetee.

Honeycomb Buns

ERGIBT 13 STÜCK
ZUBEREITUNG 35 MINUTEN, PLUS RUHEZEIT
BACKEN 25 MINUTEN

Für die Brötchen

400 g Mehl, plus mehr zum Bestäuben
100 g Naturjoghurt
2 EL Zucker
¼ TL Salz
7 g Trockenhefe
Öl für die Arbeitsfläche

Für den Knusperkaramell

200 g Zucker
60 g Golden Syrup (alternativ Zuckerrübensirup)
2 TL Natron

Für die Füllung

125 g Mascarpone
50 g weiße Sesamsamen
2 EL Tahini (Sesammus)

Für das Topping

1 EL Butter, zerlassen
1 TL weiße oder schwarze Sesamsamen

Honeycomb Buns – Honigwaben-Brötchen – haben ihren Namen ihrem Aussehen zu verdanken: Süße kleine Brötchen werden versetzt arrangiert, sodass ein Honigwaben-Effekt entsteht. Honeycomb ist aber auch die englische Bezeichnung für luftig-krossen Karamell und ich konnte es mir nicht verkneifen, diesen auch in meinem Rezept zu verarbeiten. Also mische ich bittersüßen, fein zerstoßenen Karamell und einen Hauch Tahini unter Mascarpone und fülle die Brötchen damit. Danach werden sie mit weiterem Karamell und Sesamsamen bestreut.

Für den Knusperkaramell Zucker und Golden Syrup in einem Topf mischen. Diese magische Masse steigt schnell hoch, daher sollte der Topf groß genug sein. Ein Backblech mit Backpapier auslegen und leicht einfetten. Die Vorbereitung ist wichtig – mit geschmolzenem Zucker darf nicht getrödelt werden! Das Natron bereitstellen, ebenso einen Schneebesen und einen Silikonteigschaber.

Den Topf auf mittlerer Stufe erhitzen. Nicht aus den Augen lassen, damit ihr die Temperatur bei Bedarf reduzieren oder den Topf sogar vom Herd nehmen könnt.

Gelegentlich umrühren, wenn der Zucker schmilzt und am Topfrand dunkler wird.

→

Brot & Brötchen 195

Vom Herd nehmen, sobald die Mischung eine gleichmäßige dunkle Bernsteinfarbe hat. (Falls ihr ein Küchenthermometer habt: Die Temperatur sollte 150 °C betragen). Das dauert 3–4 Minuten.

Das Natron hinzufügen und sofort mit dem Schneebesen unterrühren. Karamell wartet auf niemanden! Die Masse steigt, wie bereits erwähnt, schnell hoch und vereinnahmt den Topf wie ein klebriges Monster aus einem Horrorfilm der 1980er Jahre. Sobald das Natron vollständig untergerührt ist, den Schneebesen beiseitelegen und die Karamellmasse mit dem Teigschaber auf das vorbereitete Backblech streichen. Mindestens 2 Stunden abkühlen lassen und inzwischen die anderen Komponenten zubereiten. Widersteht der Versuchung, den Karamell anzufassen – eure Fingerspitzen werden es euch danken!

Den Teig zubereiten: Mehl und Joghurt in einer Schüssel mit der Palette grob vermengen. Zucker und Salz auf eine Seite der Mischung geben, die Hefe auf die andere. (So wird verhindert, dass das Salz die Hefe schädigt.) Sorgfältig mischen. Eine Mulde in die Mitte formen und 200 ml lauwarmes Wasser hineingießen. Mit der Palette zu einem Teig verarbeiten.

Den Teig auf der bemehlten Arbeitsfläche etwa 5 Minuten kneten, bis er nicht mehr klebrig ist.

Nach 5 Minuten die Arbeitsfläche mit Öl einfetten und den Teig darauf 5 Minuten weiter kneten, bis er glatt und elastisch ist. Zu einer Kugel formen und in einer leicht eingefetteten Schüssel, bedeckt mit einem feuchten Küchentuch, gehen lassen, bis sich sein Volumen verdoppelt hat.

Inzwischen die Füllung zubereiten: 50 g vom abgekühlten Karamell grob zerstoßen und mit Mascarpone, Sesamsamen und Tahini vermischen.

Ein Backblech mit Backpapier auslegen und leicht einfetten.

Den aufgegangenen Teig auf der leicht bemehlten Arbeitsfläche kurz und kräftig durchkneten.

Den Teig in 13 gleich große Portionen teilen (à etwa 55 g) und zu Kugeln formen. Die Kugeln nacheinander zwischen den Handflächen flach drücken.

Einen gehäuften Teelöffel der Füllung auf jede Teigscheibe geben.

Die Teigränder über der Füllung zusammenklappen und zum Versiegeln mit den Fingerspitzen fest zusammendrücken, damit möglichst keine Füllung austritt (wenn das doch passiert, ist das aber keine Tragödie).

Die Brötchen mit etwas Abstand, damit sie aufgehen können, honigwabenartig auf dem vorbereiteten Blech arrangieren.

Mit einem feuchten Küchentuch oder gefetteter Frischhaltefolie abdecken und 30 Minuten gehen lassen.

Den Ofen auf 200 °C vorheizen und die Brötchen im vorgeheizten Ofen 15 Minuten goldbraun backen.

Währenddessen für das Topping die Butter zerlassen. Noch einmal 50 g Karamell grob zerstoßen. Die Brötchen auf ein Kuchengitter geben, sobald sie aus dem Ofen kommen, und sofort mit der zerlassenen Butter bestreichen. Großzügig mit dem zerstoßenen Karamell und Sesamsamen bestreuen. Das muss passieren, solange die Brötchen noch heiß sind, damit der Karamellstaub daran haften bleibt.

Vor dem Servieren mindestens 30 Minuten abkühlen lassen.

Ich trinke dazu gerne eine Tasse kräftigen Tee, als Kontrast zu den weichen Brötchen mit der süßen Füllung. Den übrigen Knusperkaramell in einem luftdicht verschlossenen Behälter aufbewahren.

Focaccia
mit Lachs-Dill-Füllung

Für den Teig

500 g Weizenmehl (Type 550)
2 EL Butterschmalz oder Ghee
2 TL Salz
14 g Trockenhefe
350–375 ml lauwarmes Wasser
Grieß zum Bestäuben
Öl für die Arbeitsfläche und das Backblech

Für die Füllung

100 g Räucherlachs in Scheiben
1 Handvoll frischer Dill, fein gehackt
1 TL schwarzer Pfeffer aus der Mühle

Außerdem

100 g Butterschmalz oder Ghee
2 Knoblauchzehen, abgezogen und in dünne Scheiben geschnitten
Meersalzflocken zum Bestreuen

FÜR 1 GROSSES BLECH / FÜR 8 PORTIONEN ALS BEILAGE **ZUBEREITUNG** 30 MINUTEN, PLUS RUHEZEIT **BACKEN** 30 MINUTEN

Focaccia ist mit Abstand mein Lieblingsbrot. Klar, man kann sie einfach kaufen, aber sie ist auch ganz leicht selbst zu machen und nichts kommt an die Textur von frisch gebackener Focaccia heran. Das luftige Brot ist einfach der Hit und jeder Bissen ist umso besser, wenn man richtig gutes Öl für die Zubereitung verwendet. In diesem Fall verwende ich jedoch geklärte Butter statt Öl, denn sie hat ein besonderes Aroma und ist mit Knoblauch gewürzt sehr köstlich. Diese Focaccia ist so viel mehr, als einfach nur ein flaches Brot, weil sie vor dem Backen mit köstlichem Räucherlachs und Dill gefüllt wird.

Das Mehl in eine große Schüssel geben und das Butterschmalz in kleinen Flöckchen zügig hinzufügen. Das Salz auf die eine Seite der Mischung geben, die Hefe auf die andere. Mischen, eine Mulde in die Mitte formen und 350–375 ml lauwarmes Wasser mit der Palette unterrühren, bis sich die Zutaten zu einem Teig verbinden.

Dieser Teig wird am besten in der Standküchenmaschine geknetet, weil er sehr klebrig ist, und ich persönlich hasse es, wenn der meiste Teig an meinen Fingern klebt. Falls ihr den Teig aber per Hand kneten möchtet, bemehlt Hände und Arbeitsfläche immer wieder, sobald es zu klebrig wird – aber nicht zu viel Mehl hinzufügen.

Den Teig etwa 10 Minuten kneten, bis er glatt und elastisch ist. Dann in eine leicht eingefettete Schüssel geben und abgedeckt mit Frischhaltefolie gehen lassen, bis sich das Volumen verdoppelt hat.

Inzwischen das Butterschmalz in einem Topf auf hoher Stufe erhitzen. Sobald sie zu dampfen beginnt, die Knoblauchscheiben untermischen und den Topf vom Herd nehmen. Das Butterschmalz darf nicht zu heiß sein, damit der Knoblauch nicht bräunt. Beiseitestellen und ziehen lassen.

Ein großes Backblech (etwa 20 x 30 cm) leicht mit Öl einfetten und mit Grieß bestreuen. Den Teig auf das Blech geben. Die Hände einölen und den Teig dann auf dem Blech bis in die Ecken auseinanderziehen. Den Räucherlachs auf der einen Hälfte verteilen und mit Dill und Pfeffer bestreuen. Die andere Hälfte Teig über diese wunderbare Füllung falten. Den Teig nun auf die Blechmitte legen, mit den Händen erneut flach drücken und so bis an die Ränder und in die Ecken des Bleches ausbreiten. Mit einem feuchten Küchentuch oder eingefetteter Frischhaltefolie abdecken und gehen lassen, bis sich das Volumen verdoppelt hat.

Den Ofen auf 220 °C vorheizen.

Mit den Fingerspitzen Vertiefungen in den Teig drücken. Das fühlt sich gut an! Den Teig nicht bis ganz auf das Blech eindrücken, die Mulden sollten aber tief genug sein, dass sich geklärte Butter darin sammeln kann.

Die aromatisierte Butter über den Teig träufeln (den Knoblauch zurückbehalten und für später aufbewahren) und dabei alle Vertiefungen füllen. Das mag nach viel aussehen, aber keine Sorge, der Teig wird eine Menge aufsaugen und außerdem wird die Focaccia so besonders köstlich.

Im vorgeheizten Ofen 20–25 Minuten goldbraun backen.

Die Focaccia aus dem Ofen nehmen, mit etwas Meersalz bestreuen und die Knoblauchscheiben darauf verteilen.

Vor dem Verzehr abkühlen lassen, damit das Fett vollkommen vom Brot absorbiert werden kann.

Diese Focaccia ist perfekt als Beilage geeignet aber auch für Picknicks, weil sie den Belag als Füllung schon enthält.

Hörnchen mit Rosenblüten-Harissa

ERGIBT 12 STÜCK (UND 520 G HARISSA, DIE IM KÜHLSCHRANK BIS ZU 2 WOCHEN UND EINGEFROREN BIS ZU 3 MONATE HALTBAR IST)
ZUBEREITUNG 40 MINUTEN, PLUS RUHEZEIT
KOCHEN/BACKEN 45 MINUTEN

Für die Harissa
- 5 EL Koriandersamen (ca. 30 g)
- 5 EL Kreuzkümmelsamen (ca. 40 g)
- 5 EL Fenchelsamen (ca. 40 g)
- 5 EL Chiliflocken (ca. 30 g)
- 10 Bio-Rosenblüten, die Blütenblätter abgezupft
- 2 Knoblauchknollen, abgezogen
- 1 mittelgroße rote Zwiebel, abgezogen und gewürfelt
- 1 große rote Paprikaschote, geputzt und gewürfelt
- 1 EL Salz
- 100 ml Olivenöl

Für die Hörnchen
- 160 g Weizenmehl, plus mehr zum Bestäuben
- 2 TL Backpulver
- 1 Prise Salz
- 120 g kalte Butter, gewürfelt
- 120 g Frischkäse (Doppelrahmstufe), gekühlt
- 1 Bio-Ei, verquirlt, zum Bestreichen
- schwarze Pfefferkörner, zerstoßen
- Butter oder Öl für das Backblech

→

Meine Lieblingsfolgen von The Apprentice sind die, in denen die Teilnehmer obskure Dinge auftreiben müssen. Einmal waren es Rugelach, gefüllte Hörnchen, die in der jüdisch-polnischen Küche einen festen Platz einnehmen. Noch bevor die Wettbewerber scheitern konnten, versuchte ich schon, mehr über diese kleinen Schönheiten herauszufinden. Dafür wird Kreuzung aus Brot- und Mürbeteig mit Schokolade bestrichen und wie kleine Croissants aufgerollt. Köstlich aber gefährlich, weil ich davon etwa 10 Stück auf einmal essen könnte. In diesem Rezept habe ich die Schokolade allerdings durch selbstgemachte Rosenblüten-Harissa ersetzt. Der Geschmack ist pikant und gleichzeitig süß, und das intensive Rot sieht toll aus. Selbstverständlich könnt ihr die Harissa durch eine traditionellere Füllung ersetzen, es lohnt sich aber, die pikante Version zu kosten.

Als Erstes die Harissa zubereiten: Koriander-, Kreuzkümmel- und Fenchelsamen in einer Pfanne mit Antihaftbeschichtung auf hoher Stufe ohne Fett rösten, bis sie zu duften beginnen.

Zusammen mit den anderen Harissa-Zutaten – bis auf das Öl – in der Küchenmaschine zu einer glatten Paste verarbeiten. Damit sich die Zutaten besser verbinden, ein paar Löffel Öl hinzufügen.

Das restliche Öl in einem Topf auf niedriger Stufe erhitzen, die Paste dazugeben und unter gelegentlichem Rühren 15 Minuten erhitzen, bis sie schön angedickt und trocken ist. In ein Einmachglas füllen, beiseitestellen und abkühlen lassen.

Die Hörnchen vorbereiten. Mehl, Backpulver und Salz in der Küchenmaschine mischen. Die Butter hinzufügen und mixen, bis große, buttrige Klumpen entstehen. Den Frischkäse untermischen und alles zu einem Teig verarbeiten. Diesen in Frischhaltefolie wickeln und 1 Stunde im Kühlschrank ruhen lassen, bis er fester ist. Ein Backblech mit Backpapier auslegen und leicht einfetten.

Den (recht klebrigen) Teig auf der großzügig bemehlten Arbeitsfläche zu einem 35 x 25 cm großen Rechteck ausrollen. Zwei gehäufte Esslöffel Harissa darauf verstreichen. Das Rechteck von einer Längsseite her vertikal in 6 gleichmäßige Streifen schneiden. Jeden Streifen diagonal halbieren, dabei an einer der unteren Ecken beginnen und dann schräg nach oben zur gegenüberliegenden Ecke schneiden. So entstehen insgesamt 12 dreieckige Teigstücke.

Die Dreiecke nacheinander von der unteren (breiten) Seite nach oben zur Spitze aufrollen, sodass das Ergebnis aussieht wie süße kleine Croissants. Mit der Spitze nach unten und mit etwas Abstand auf das vorbereitete Backblech legen. Im Kühlschrank 30 Minuten ruhen lassen.

Den Ofen auf 180 °C vorheizen.

Die gekühlten Hörnchen mit verquirltem Ei bestreichen und mit ein wenig zerstoßenem Pfeffer bestreuen. Im vorgeheizten Ofen 25–30 Minuten backen, bis sie luftig, kross und goldbraun sind, durchzogen mit der feuerroten Füllung.

Vor dem Verzehr vollständig abkühlen lassen – oder es zumindest versuchen.

Krapfen mit Hähnchenfleischfüllung

ERGIBT 12 STÜCK
ZUBEREITUNG 35 MINUTEN, PLUS RUHEZEIT **KOCHEN/BACKEN** 40 MINUTEN

Für den Teig
- 600 g Weizenmehl (Type 550), plus mehr zum Bestäuben
- 180 g weiche Butter
- 60 g Zucker
- 1 TL feines Salz
- 14 g Trockenhefe
- 4 Bio-Eier, leicht verquirlt
- 1½ l Öl zum Frittieren

Für die Hähnchenfüllung
- 1 große Hähnchenbrust oder 2 kleine (ca. 280 g)
- 7 EL Barbecue-Sauce (125 g)
- 3 EL Mayonnaise (60 g)
- 1 TL Chiliflocken
- 1 kleine Handvoll frischer Schnittlauch, fein gehackt

Für das pikante Pulver
- 1 TL Knoblauchgranulat
- 1 TL gemahlener Kreuzkümmel
- 1 TL Salz
- 1 TL Zucker
- 1 TL getrockneter Koriander

Krapfen mit Hähnchenfleisch-Füllung. Mehr muss ich eigentlich nicht sagen. Aber wo ihr schon mal hier seid und ich eure Aufmerksamkeit habe, mache ich es doch: Diese Krapfen sind mit schnell gegartem, in feine Stücke gezupftem Hähnchenfleisch gefüllt, werden frittiert und mit köstlichem, pikant-süßem Pulver bestäubt. Wer nicht weiß, dass es sich um herzhaftes Gebäck handelt, könnte getäuscht werden. Schon alleine, um die Verwunderung und den Genuss im Gesicht der Esser zu sehen, lohnt es sich, dieses Rezept auszuprobieren.

Zuerst den Teig zubereiten. Das Mehl in eine Schüssel füllen und die Butter in kleinen Flöckchen untermischen.

Zucker und Salz auf eine Seite der Schüssel geben, die Hefe auf die andere. Sorgfältig vermischen und eine Mulde in die Mitte formen. Die Eier in einem Messbecher mit 100 ml kaltem Wasser mischen, in die Mulde gießen und die Zutaten zu einem Teig verarbeiten.

Den Teig entweder auf der bemehlten Arbeitsfläche per Hand 10 Minuten durchkneten, bis er glatt und elastisch ist. Oder aber so wie ich in der Standküchenmaschine kneten, denn er ist sehr klebrig. Auf mittlerer Stufe mit dem Knethaken dauert das nur 6 Minuten.

Den Teig zu einer Kugel formen und in einer Schüssel mit einem feuchten Küchentuch oder eingefetteter Frischhaltefolie abdecken und gehen lassen, bis er sein Volumen verdoppelt hat.

Inzwischen die Füllung zubereiten. Das Hähnchenfleisch in einem kleinen Topf Wasser auf mittlerer Stufe 15 Minuten sanft köcheln lassen, bis es gar ist.

Aus dem Wasser nehmen und auf einem Teller leicht abkühlen lassen. Das Fleisch dann mit zwei Gabeln in feine Stücke zupfen. Barbecue-Sauce, Mayonnaise, Chiliflocken und Schnittlauch untermischen. Abgedeckt im Kühlschrank ruhen lassen.

Den aufgegangenen Teig auf die leicht bemehlte Arbeitsfläche geben und zu einer Rolle formen. In 12 gleichmäßige Portionen (à etwa 90 g) teilen. Es ist wichtig, dass sie ungefähr die gleiche Größe haben, damit die Krapfen gleichmäßig garen.

Ein Backblech mit Backpapier auslegen und leicht einfetten. Die Teigkugeln nacheinander zu runden Scheiben (je 12 cm Ø) ausrollen und je 1 EL der Hähnchenfleisch-Mischung in die Mitte geben. Den Teig

→

rund um die Füllung anheben, zur Mitte einschlagen und zum Versiegeln fest andrücken. Mit der Nahtstelle nach oben auf das Backblech setzen.

Im Kühlschrank 1 Stunde ruhen lassen.

Inzwischen für das Pulver Knoblauchgranulat, Kreuzkümmel, Salz, Zucker und Koriander vermischen.

Kurz vor Ablauf der Kühlzeit das Öl in einen mittelgroßen Topf gießen, sodass dieser zur Hälfte gefüllt ist (nicht höher). Auf mittlerer Stufe auf 150 °C erhitzen.

Ein Backblech mit Küchenpapier auslegen, auf dem die frittierten Krapfen abtropfen können.

Die Krapfen vorsichtig in das heiße Öl gleiten lassen, mit der Nahtstelle nach oben. Dabei den Topf nicht überfüllen – 3 Krapfen auf einmal sind genug.

Die Krapfen etwa 6 Minuten frittieren, bis sie rundherum goldbraun sind. Ihr müsst sie nicht wenden, sondern nur ab und zu mit der Schaumkelle unter die Oberfläche des Öls drücken. Währenddessen den Ofen auf 170 °C vorheizen Die fertig frittierten Krapfen mit der Schaumkelle aus dem Öl heben, auf dem vorbereiteten Blech abtropfen lassen und anschließend für 10 Minuten in den Ofen schieben (nachdem ihr das Küchenpapier entfernt habt), damit sie vollständig durchgaren. Noch heiß mit dem pikanten Pulver bestäuben.

Etwas abkühlen lassen und dann lauwarm oder vollständig abgekühlt genießen. Dann bleibt mir nur noch zu sagen: gern geschehen!

Schummel-Sauerteigbrot

> **ERGIBT** 1 GROSSEN LAIB   **ZUBEREITUNG** 30 MINUTEN, PLUS RUHEZEIT   **BACKEN** 30 MINUTEN

Diese Zutatenliste besteht aus zwei Teilen, da die Zubereitung sich über 24 Stunden hinzieht. Klar ist es gut, vorbereitet zu sein, aber alles 24 Stunden im Voraus abgewogen zu haben, geht ein bisschen zu weit, finde ich.

Zutaten 1
200 g Weizenmehl (Type 550)
7 g Trockenhefe

Zutaten 2
400 g Weizenmehl (Type 550)
7 g Trockenhefe
1 TL Salz

Wir haben zu Hause schon viele Sauerteige kommen und gehen sehen. Keiner davon hat lange genug überlebt, als dass ich etwas davon hätte weitergeben können. Mit achtzehn tropischen Fischen, vier Legehennen, einem Wellensittich mit Namen Rayf und dem Kaninchen Cornelius haben unsere Nachbarn schon genug zu tun, wenn wir verreisen. Da kann ich sie nicht auch ncoh darum bitten, sich um einen Sauerteig zu kümmern. Kein Sauerteigansatz also. Dies ist meine Schummelversion. Der Teig säuert über Nacht und kann nach 24 Stunden ruhen im Warmen gebacken werden.

Überlegt euch, wann ihr euer frisch gebackenes Brot essen möchtet. Ich beginne dieses Rezept meistens samstagmorgens zwischen 6 und 7 Uhr, damit ich ihn 24 Stunden später kneten, gehen lassen und backen kann.

Die ersten Zutaten (Mehl, Trockenhefe) und 200 ml Wasser in einer Schüssel glatt rühren. Mit einem feuchten Küchentuch abdecken und an einem warmen Ort 24 Stunden ruhen lassen, sodass die Mischung langsam vor sich hin blubbern und säuern kann.

24 Stunden später ist es dann Zeit für die nächste Runde Zutaten: Mehl, 200 ml Wasser, Trockenhefe und Salz zu dem blubbernden Teig hinzufügen.

Die Standküchenmaschine mit dem Knethaken ausstatten und die Zutaten sorgfältig vermengen. Sobald sie eine Kugel bilden, die Geschwindigkeit auf mittlere Stufe erhöhen und den Teig etwa 6 Minuten kneten. Wird er per Hand geknetet, dauert es auf der leicht bemehlten Arbeitsfläche etwa 10 Minuten, bis er glatt und elastisch ist.

Diesen Teig lässt man am besten in der Form gehen, in der er gebacken werden soll. Einen gusseisernen Topf mit 5 Liter Fassungsvermögen (oder einen regulären ofenfesten Topf) bereitstellen. Ein großes Stück Backpapier hineinlegen, sodass es den Boden und die Seiten bedeckt. Den Teig zu einer schönen, runden Kugel formen, dafür die Ränder unter die Kugel schieben. In den Topf legen, mit dem Deckel verschließen und etwa 30 Minuten aufgehen lassen, bis sich das Volumen verdoppelt hat.

Den Ofen auf 220 °C vorheizen. Wenn der Teig aufgegangen ist, die Oberseite mit einem scharfen Messer ein paar Mal einritzen. Den Topf mit dem Deckel verschließen und in den Ofen schieben. Das Brot so 30–40 Minuten backen – durch den im Topf entstehenden Dampf bekommt es eine schöne Kruste.

Sobald das Brot aus dem Ofen kommt, den Deckel abnehmen und das Brot im Topf abkühlen lassen. Dann herausnehmen, in Scheiben schneiden und genießen – wie es euch gefällt. Ich esse es gerne mit Butter und Salz, dann mit Butter und Konfitüre, dann Butter und Käse – und dann fange ich wieder von vorne an, bis kein Brot mehr da ist.

Kartoffel-Fladenbrote
mit Eier-Butter

ERGIBT 6 STÜCK   **ZUBEREITUNG** 30 MINUTEN
BACKEN 20 MINUTEN

Für die Fladenbrote

400 g abgekühlter Kartoffelbrei (Reste, küchenfertig oder Instant-Kartoffelbrei)
1 Bio-Ei, leicht verquirlt
150 g Weizenmehl
½ TL Salz
2 TL Schwarzkümmelsamen
Öl zum Einfetten

Für die Eier-Butter

3 Bio-Eier, hartgekocht und abgekühlt
125 g weiche Butter
½ TL Zwiebelsalz (alternativ ungewürztes Salz)
1 TL schwarzer Pfeffer aus der Mühle
2 TL getrocknete Petersilie

Diese Fladenbrote sind eine großartige Alternative zu ihren Verwandten aus Mehl. Sie sind weich, köstlich und sehr einfach. Perfekt geeignet, wenn man Kartoffelbrei-Reste verarbeiten muss – oder Lust auf etwas Neues hat. Sie sind leicht mit Schwarzkümmelsamen gewürzt und mit Butter bestrichen, unter die Eier gemischt wurden – diese Butter schmilzt und hinterlässt cremige Eierbröckchen.

Als Erstes den Fladenbrot-Teig zubereiten: Kartoffelbrei und Ei in einer Schüssel vermengen. Mehl, Salz und Schwarzkümmelsamen sorgfältig untermischen, bis ein fester Teig entstanden ist.

Den Ofen auf 220 °C vorheizen. Zwei Backbleche mit Backpapier auslegen und leicht einfetten.

Die Hände großzügig einölen und den Teig in 6 gleich große Portionen teilen. Falls ihr genau sein möchtet, sind das etwa 100 g pro Portion.

Die Teigportionen mit gut gefetteten Händen zu Kugeln formen. Der Teig ist relativ weich, also nehmt euch Zeit. Drei Teigkugeln auf jedes Blech legen und mit den Handflächen flach drücken, sodass Scheiben mit etwa 12 cm Ø entstehen. Mit einer Gabel mehrmals einstechen, damit sich beim Backen keine Blasen bilden.

Im vorgeheizten Ofen 20 Minuten backen. Die Fladenbrote sind gar, wenn sie am Rand goldbraun und in der Mitte noch schön weich sind.

Inzwischen die Eier-Butter zubereiten: In der Küchenmaschine die hartgekochten, gepellten Eier, die Butter, Zwiebelsalz, Pfeffer und Petersilie zu einer Paste verarbeiten.

Die Fladenbrote aus dem Ofen nehmen und in ein sauberes Küchentuch wickeln, damit sie warm und weich bleiben.

Zum Servieren großzügig mit Eier-Butter bestreichen. Reste der Butter sind im Kühlschrank bis zu 3 Tage haltbar.

Zwiebel-Laugenknoten

500 g Weizenmehl (Type 550), plus mehr zum Bestäuben
7 g Trockenhefe
25 g Zucker
30 g Röstzwiebeln
1 EL Zwiebelgranulat
2 TL getrockneter Schnittlauch
50 g Butter, zerlassen, plus mehr für die Backbleche
3 EL Natron

Außerdem
1 Bio-Ei, leicht verquirlt
1 TL Paprikapulver
1 TL Zwiebelgranulat
1 TL Salz

ERGIBT 12 STÜCK **ZUBEREITUNG** 45 MINUTEN, PLUS RUHEZEIT **SIEDEN/BACKEN** 25 MINUTEN

Laugenbrezeln sind überraschend einfach gemacht und diese Knoten sind sogar noch einfacher, weil ich den Teig statt der üblichen, komplizierten Form einfach verknote! Durchzogen mit knusprigen Röstzwiebeln und Schnittlauch und bestäubt mit aromatischem Zwiebelpulver sind sie weich, lecker und machen glücklich.

Mehl, Hefe, Zucker, Röstzwiebeln, Zwiebelgranulat und Schnittlauch in einer großen Schüssel sorgfältig vermischen.

Die Butter hinzufügen und mit einem Messer in die trockenen Zutaten einarbeiten. Eine Mulde in die Mitte formen, 300 ml warmes Wasser hineingießen und die Zutaten zu einem Teig vermengen.

Den Teig in der Standküchenmaschine mit dem Knethaken auf mittlerer Stufe 5 Minuten kneten, bis er glatt und elastisch ist. Dann abgedeckt ruhen lassen, bis er sein Volumen verdoppelt hat.

Zwei Backbleche einfetten. Den Teig in 12 gleich große Portionen à etwa 75 g teilen und zu Kugeln formen. Aus jeder Kugel eine etwa 30 cm lange Rolle und dann einen Knoten formen (siehe nächste Seite). Die Enden unter den Teig schieben und die Knoten mit Abstand auf die Backbleche legen. Mit Frischhaltefolie abdecken und 15 Minuten gehen lassen.

Den Ofen auf 200 °C vorheizen.

Einen großen Topf Wasser zum Kochen bringen. Das Natron hineingeben und gut umrühren, bis es aufgelöst ist. Ein paar Teigknoten (nur so viele, dass sie sich nicht berühren) in das siedende Wasser gleiten und 10 Sekunden darin ziehen lassen. Mit der Schaumkelle wenden und weitere 10 Sekunden sieden.

Herausnehmen, abtropfen lassen und auf ein gefettetes Backblech setzen. Mit den übrigen Teigknoten wiederholen. Anschließend mit verquirltem Ei bestreichen. Paprikapulver, Zwiebelgranulat und Salz vermischen und die Knoten damit bestreuen. Im vorgeheizten Ofen 12 Minuten backen. Aus dem Ofen nehmen, auf einem Kuchengitter leicht abkühlen lassen und warm genießen.

→

Brot & Brötchen

Brot & Brötchen

Kardamom-Zitronen-Brötchen
mit Zuckerglasur

ERGIBT 12 STÜCK **ZUBEREITUNG** 25 MINUTEN
BACKEN 15 MINUTEN

Für die Brötchen

500 g Weizenmehl (Type 550), plus mehr zum Bestäuben

14 g Trockenhefe

50 g Zucker

2 TL feines Salz

4 EL Sonnenblumenöl

7 Kardamomkapseln, Samen herausgelöst und zerstoßen, oder 2 TL gemahlener Kardamom

Abrieb von 2 Bio-Zitronen

2 Bio-Eier, leicht verquirlt

150 ml warme Milch

Für die Glasur

400 g Puderzucker

5 EL frisch gepresster Zitronensaft (von den Zitronen oben)

Diese länglichen, süßen Brötchen mit Zuckerglasur heißen bei uns »Iced Fingers«. Das erste Mal habe ich sie gekostet, als ich sie bei der reduzierten Ware im Supermarkt entdeckte. Für 12 Pence pro Packung – das konnte ich mir nicht entgehen lassen. Die Packung hatte etwas gelitten, die Brötchen waren leicht altbacken, aber davon abgesehen fand ich die süße Glasur und den duftenden Hauch Muskatnuss einfach köstlich. Also habe ich meine eigene Version kreiert, mit ein paar kleinen Abweichungen: Den Brötchenteig würze ich mit Kardamom und Zitronenabrieb und die Glasur bereite ich mit Zitronensaft zu, sodass sie süß und herb zugleich ist.

Als Erstes den Teig zubereiten: Das Mehl in eine große Schüssel füllen. Hefe und Zucker auf die eine Seite geben, das Salz auf die andere. Öl, Kardamom und Zitronenabrieb hinzufügen und die Zutaten sorgfältig vermengen.

In einem Messbecher Eier, Milch und 150 ml warmes Wasser verrühren. Eine Mulde in die Mitte der trockenen Zutaten formen und die Flüssigkeit hineingießen.

Jetzt ist es an der Zeit, zu kneten. Dieser Teig ist feucht und klebrig, daher empfehle ich die Standküchenmaschine mit dem Knetelement oder das Handrührgerät mit Knethaken. Mit den Händen dauert es länger, außerdem müssen Arbeitsfläche und Hände immer wieder mit Mehl bestäubt werden.

Den Teig kneten, bis er glatt, elastisch und glänzend ist. Dann zu einer Kugel formen, in eine leicht eingefettete Schüssel legen und mit Frischhaltefolie oder einem feuchten Küchentuch abdecken. An einem warmen Ort ruhen lassen, bis sich das Volumen verdoppelt hat. Nach einiger Zeit werdet ihr den Kardamom riechen können.

Danach den Teig auf die leicht bemehlte Arbeitsfläche geben und kurz und kräftig durchkneten.

Zwei Backbleche leicht einfetten. Den Teig in 12 Portionen à etwa 75 g teilen, zu jeweils 10 cm langen Rollen formen und mit je 2 cm Abstand auf die vorbereiteten Backbleche legen. Mit leicht eingefetteter Frischhaltefolie abdecken und erneut gehen lassen, bis die Rollen ihr Volumen verdoppelt haben. Sie werden soweit aufgehen, dass sie sich ganz leicht berühren.

Den Ofen auf 200 °C vorheizen. Die Brötchen im vorgeheizten Ofen 10–15 Minuten backen und dann auf einem Blech abkühlen lassen.

Für die Glasur Puderzucker und Zitronensaft glatt rühren. Die vollständig abgekühlten Brötchen (das ist wichtig, sonst läuft die Glasur einfach daran herunter) nacheinander mit der Oberseite in die Glasur tauchen, überschüssige Glasur abtropfen lassen und die Brötchen mit der Unterseite auf eine Servierplatte setzen.

Frisch und noch richtig schön weich schmecken diese Brötchen am besten.

Achtes Kapitel

HERZHAFTES

AUS DEM OFEN
—

Toad in the Hole – Fleischbällchen im Teig

FÜR 4 PORTIONEN   ZUBEREITUNG 30 MINUTEN, PLUS KÜHLZEIT   BACKEN 50 MINUTEN

Für die Fleischbällchen

500 g Lamm- oder Rinderhackfleisch

1 kleine rote Zwiebel, abgezogen und sehr fein gewürfelt

1 kleine Handvoll Koriandergrün, gehackt

2 EL Garam Masala

1 EL Kichererbsenmehl oder Maisstärke

1 TL Salz

1 Bio-Ei

Außerdem

90 g Butterschmalz oder Ghee

1 EL Koriandersamen, zerstoßen

2 mittelgroße rote Zwiebeln, abgezogen und geviertelt

1 mittelgroße rote Paprikaschote, geputzt und geachtelt

2 Tomaten, geviertelt

Für den Teig

150 g Weizenmehl

½ TL Salz

2 Bio-Eier

175 ml Vollmilch

Toad in the hole, in Rührteig gebackene Bratwürste, sind eine britische Spezialität – die ich hier asiatisch interpretiere. Ich bin ein großer Fan des Originals, aber selbst meine Lieblingsrezepte variiere ich gerne mal. Also nehme ich leicht gewürzte Fleischbällchen statt Bratwürste, gare sie mit Zwiebelstückchen und backe sie in einem einfachen Rührteig.

Als Erstes die Hackbällchen zubereiten: Das Hackfleisch in einer Schüssel mit Zwiebelwürfel, Koriandergrün, Garam Masala, Kichererbsenmehl, Salz und Ei mit sauberen Händen zu einer gleichmäßigen Masse vermengen.

Die Masse in 12 gleich große Portionen teilen und mit feuchten Händen zu kleinen Bällchen formen. Im Kühlschrank ruhen lassen, während ihr den Rest des Rezeptes zubereitet.

Den Ofen auf 220 °C vorheizen. Das Butterschmalz in eine mittlere Auflaufform (etwa 25 x 30 cm groß) geben und darin für etwa 5 Minuten in den Ofen schieben, bis es geschmolzen ist.

Koriandersamen, Zwiebel, Paprika und Tomaten hinzufügen, vermischen und die Form für 10 Minuten zurück in den Ofen stellen. Inzwischen den Rührteig zubereiten.

Mehl und Salz in einer Schüssel mischen. Eine Mulde in die Mitte formen, Eier und Milch hineingeben und die Zutaten mit dem Schneebesen zu einem Teig Masse verrühren.

Die Auflaufform aus dem Ofen nehmen und die Fleischbällchen vorsichtig hineinlegen. Für 10 Minuten zurück in den Ofen stellen, um das Hackfleisch zu bräunen.

Aus dem Ofen nehmen und die Zutaten vorsichtig so platzieren, dass pro Portion immer 3 Fleischbällchen nebeneinanderliegen und auch das Gemüse gut verteilt ist. Den Rührteig vorsichtig darübergießen.

Im vorgeheizten Ofen 20–25 Minuten backen. Dabei geht der Rührteig auf und umschließt die Fleischklöße. Vor dem Servieren 10 Minuten ruhen lassen.

Gebackene Churros mit Chili

ERGIBT ETWA 40–45 STÜCK
ZUBEREITUNG 40 MINUTEN **BACKEN** 20 MINUTEN
SCHMECKEN FRISCH AM BESTEN (DIE SAUCE KANN BIS ZU 24 STD. IM VORAUS ZUBEREITET WERDEN)

Für die Churros

200 g Butter, grob gewürfelt

200 g Weizenmehl (Type 550), gesiebt

2 TL Paprikapulver

etwa 2 TL Chiliflocken (nach Belieben)

4 Bio-Eier, leicht verquirlt, plus 1 Bio-Ei, leicht verquirlt, zum Bestreichen

100 g reifer Cheddar, fein gerieben

2 TL Zwiebelsalz

2 TL getrockneter Schnittlauch

Für den Tomaten-Dip

9 kleine Tomaten, enthäutet (ca. 600 g)

3 EL Olivenöl

1½ TL Schwarzkümmelsamen

¾ TL Zwiebelsalz

¾ TL Zucker

1 große Knoblauchzehe, abgezogen und zerstoßen

Kann ich hier immer noch von Churros sprechen, obwohl sie gebacken statt frittiert werden und pikant sind statt süß? Ich denke schon. Wie auch immer – sie sind köstlich.

Zunächst den Churros-Teig zubereiten. Die Butter und 400 ml Wasser in einem kleinen Topf mit Antihaftbeschichtung auf hoher Stufe erhitzen und köcheln lassen, bis die Butter geschmolzen ist. Den Topf vom Herd nehmen.

In einer Schüssel Mehl, Paprikapulver und Chiliflocken sorgfältig vermischen.

Die Mehlmischung auf einmal zu Wasser und Butter in den Topf geben und mit dem Schneebesen kräftig zu einem glatten Teig verrühren. Zurück auf den Herd stellen und unter ständigem Rühren erhitzen, bis sich der Teig von den Topfwänden löst.

Den Topf vom Herd nehmen und 2 Minuten kräftig umrühren, damit die Masse abkühlt.

Vier verquirlte Eier nach und nach sorgfältig unterrühren. Das sieht zunächst vielleicht klumpig aus, als ob sich die Masse trennen würde, aber die Zutaten verbinden sich wieder, also nicht aufgeben und kräftig weiterrühren.

Den Teig in eine saubere Schüssel füllen und abkühlen lassen. Anschließend den geriebenen Käse untermischen und die Masse in einen Spritzbeutel füllen. Ich verwende dafür gerne eine Sterntülle, weil die Churros im Ofen dann besonders knusprig werden. Ihr könnt aber auch eine Lochtülle verwenden. Den Ofen auf 220 °C vorheizen und 3 Bleche mit Backpapier auslegen.

Den Churros-Teig in etwa 7 cm langen Streifen auf die vorbereiteten Bleche spritzen und jeweils eine 1 cm breite Lücke dazwischen lassen.

→

Wenn der Teig aufgebraucht ist, die Streifen vorsichtig mit dem übrigen verquirlten Ei bestreichen. Zwiebelsalz und getrockneten Schnittlauch darüberstreuen.

Die Churros im vorgeheizten Ofen 23–25 Minuten backen. Bei Bedarf nach der Hälfte der Zeit die Bleche umdrehen, damit die Churros gleichmäßig garen.

Inzwischen den Tomaten-Dip vorbereiten – das geht ganz einfach: Die Tomaten mit einem spitzen Messer einstechen (so lassen sie sich später besser enthäuten) und in einem kleinen Topf vollständig mit Wasser bedecken. Auf hoher Stufe erhitzen und 1–2 Minuten köcheln lassen.

Vom Herd nehmen, das Wasser abgießen, die Tomaten leicht abkühlen lassen und dann die Haut abziehen.

Das Fruchtfleisch hacken und beiseitestellen.

Das Öl in einem kleinen Topf erhitzen. Sobald es heiß ist, die Schwarzkümmelsamen hineingeben. Sobald sie aufplatzen, Salz, Zucker und Knoblauch hinzufügen und ein paar Minuten dünsten. Dann die gehackten Tomaten dazugeben und auf niedriger Stufe etwa 5 Minuten sanft köcheln lassen, bis die Flüssigkeit verdampft und die Masse dicklich ist.

In eine Servierschale füllen.

Die Churros aus dem Ofen nehmen und 20 Minuten auf den Blechen ruhen lassen. Abschließend auf einer Servierplatte anrichten und mit dem Tomaten-Dip servieren.

Spanakopita
mit Panir

FÜR 4 PORTIONEN
ZUBEREITUNG 30 MINUTEN
BACKEN 50 MINUTEN

Für die Füllung

750 g frischer Spinat

60 g Ghee, Butterschmalz oder Butter, plus mehr für die Form und zum Bestreichen des Filoteigs

1–4 TL Chiliflocken (nach Belieben)

1½ EL Kreuzkümmelsamen

225 g Panir (indischer Frischkäse, alternativ Halloumi), gerieben

6 Knoblauchzehen, abgezogen und zerstoßen

2 kleine Zwiebeln, abgezogen und fein gewürfelt

1½ TL Salz

100 g Ricotta

1 Bio-Ei, leicht verquirlt

1 Handvoll Koriandergrün, gehackt

1 Handvoll Schnittlauch, gehackt

Für den Teigmantel

270 g Filoteig

100 g Ghee, Butterschmalz oder Butter, zerlassen, zum Bepinseln

2 EL Sesamsamen

Saag paneer (Spinat mit der Käsesorte Panir) gehört zu meinen Leibspeisen. Ich bin nicht damit aufgewachsen, denn in der Küche Bangladeschs spielt Käse kaum eine Rolle, doch als sich unsere Familie erweiterte und mischte und mein Gaumen abenteuerlustiger wurde, bestellte ich dieses Gericht gerne, wenn wir auswärts aßen. Besonders dann, wenn das Restaurant nicht halal war, denn Panir war immer eine gute, kräftige Alternative zu Fleisch. Dieses Rezept fusioniert Saag paneer mit Spanakopita, einem klassischen griechischen Filoteig-Spinat-Gericht. Und weil der Teig schon dabei ist, braucht man keine Chapatis, denn man bekommt alles in einem.

Zunächst die Füllung zubereiten: Den Spinat in einer großen Schüssel mit kochendem Wasser bedecken. Mit einem Löffel alle Blätter unter die Oberfläche drücken. Etwa 5 Minuten ziehen lassen.

Abgießen und den Spinat mit kaltem Wasser abschrecken, überschüssige Flüssigkeit ausdrücken und die Blätter fein hacken.

Das Ghee in einer Pfanne mit Antihaftbeschichtung zerlassen. Sobald es heiß ist, Chiliflocken und Kreuzkümmelsamen hinzufügen und sanft erhitzen, bis die Samen intensiv duften.

Den Panir dazugeben und 5 Minuten braten. Sobald der Käse eine hellgoldene Farbe annimmt, Knoblauch und Zwiebeln untermischen und 5 Minuten sanft dünsten.

Mit Salz würzen, den Spinat unterheben und köcheln lassen, bis keine Flüssigkeit mehr am Boden der Pfanne ist.

Die Pfanne vom Herd nehmen und die Masse vollständig abkühlen lassen. Dann Ricotta, Ei, Koriandergrün und Schnittlauch untermischen. Beiseitestellen.

Den Ofen auf 190 °C vorheizen. Eine quadratische Backform mit 20 cm Seitenlänge einfetten.

Ein Blatt Filoteig mit Ghee bestreichen und in die Mitte der Backform legen, sodass es an zwei Seiten übersteht.

Ein zweites Blatt bestreichen und über Kreuz in die Form legen, sodass es an den anderen beiden Seiten übersteht.

Ein weiteres Teigblatt mit Ghee bestreichen und schräg in die Form legen. Mit einem weiteren Blatt wiederholen und das schräge Blatt überkreuzen.

Nun sollte die Backform mit Filoteig ausgelegt sein, der an allen Seiten überhängt. Die übrigen Filoteigblätter mit Ghee bestreichen und beiseitelegen. Die Füllung in der ausgelegten Form verteilen und die Oberfläche glätten.

Den überhängenden Teig nach innen über die Füllung legen. Nicht unbedingt glatt, sondern gerne mit Falten. Die übrigen Teigblätter nacheinander locker zusammenknäulen und vorsichtig auf die Füllung legen, sodass sie vollständig bedeckt ist. Die Sesamsamen darüberstreuen.

Im vorgeheizten Ofen 30–35 Minuten backen, bis die Füllung dampfend heiß und der Teig kross und goldbraun ist. Vor dem Servieren 15 Minuten abkühlen lassen.

Salami-Käse-Brote »Pull-Apart«

FÜR 6 PORTIONEN **ZUBEREITUNG** 30 MINUTEN, PLUS RUHEZEIT **BACKZEIT** 25 MINUTEN

Für den Teig

400 g Weizenmehl, plus mehr zum Bestäuben

6 TL Backpulver

1 EL getrockneter Oregano

1 EL Zucker

1 TL Salz

7 g Trockenhefe

Für die Füllung

4 EL Sriracha-Sauce (oder eine andere scharfe Chilisauce)

8 Scheiben Käse, nach Belieben

80 g Pfeffersalami, in 16 feine Scheiben geschnitten

8 Blätter Basilikum

3 EL Olivenöl zum Bestreichen, plus mehr für die Form

Dieses Brot »zum Auseinanderziehen« schmeckt nach Pizza und ist perfekt geeignet, wenn man einfach nur eine Scheibe Brot zur Suppe essen möchte. Die Zubereitung ist super simpel, das Ergebnis sieht aber aus (und schmeckt so), als hätte man eine Menge Arbeit hineingesteckt. Und das Beste daran, das Brot ist hervorragend zum Teilen geeignet – solche Gerichte finde ich immer fantastisch.

In einer großen Schüssel Mehl, Backpulver, Oregano, Zucker, Salz und Hefe gründlich mischen. Achtet darauf, dass Hefe und Salz getrennt bleiben, bis ihr mit dem Mischen beginnt.

Eine Mulde in die Mitte formen, 300 ml Wasser hinzufügen und die Zutaten zu einem Teig verarbeiten.

Den Teig entweder auf der bemehlten Arbeitsfläche oder in der Standküchenmaschine mit dem Knethaken kneten, bis er glatt und elastisch ist. Per Hand dauert das 10–12 Minuten, in der Standküchenmaschine auf mittlerer Stufe 6 Minuten.

Den Teig zu einer Kugel formen, mit leicht gefetteter Frischhaltefolie abdecken und gehen lassen, bis er sein Volumen verdoppelt hat.

Eine Kastenform mit 900 ml Fassungsvermögen mit Öl einfetten.

Den aufgegangenen Teig auf der leicht bemehlten Arbeitsfläche zu einem 25 x 35 cm großen Rechteck ausrollen.

Die Teigoberfläche mit Sriracha-Sauce bestreichen. Zuerst die Käsescheiben, danach die Salamischeiben gleichmäßig darauf verteilen und jeweils ein Basilikumblättchen daraufsetzen.

Das rechteckige Teigstück nun in 8 gleich große Quadrate schneiden. Die Quadrate in der Mitte zusammenfalten und nebeneinander in die Kastenform setzen, mit der Nahtstelle nach unten. Wieder mit Frischhaltefolie abdecken und auf das doppelte Volumen aufgehen lassen.

Den Ofen auf 200 °C vorheizen.

Die Frischhaltefolie von den Teigstücken entfernen und diese in der Form im vorgeheizten Ofen 25 Minuten backen.

Sobald sie aus dem Ofen kommen, die Oberfläche mit Olivenöl bestreichen. Noch 20 Minuten in der Form ruhen lassen, dann die einzelnen Stücke zum Teilen auseinanderziehen und genießen!

Polenta-Auflauf

FÜR 6 PORTIONEN
ZUBEREITUNG 25 MINUTEN, PLUS KÜHLZEIT
BACKEN 50 MINUTEN

Für die Polenta
230 g Polenta
½ TL Salz
½ TL gemahlene Kurkuma
2 TL schwarzer Pfeffer aus der Mühle
50 g Butter, plus mehr für die Form
50 g reifer Cheddar, gerieben, plus 100 g zum Bestreuen
Öl zum Fetten und Bestreichen

Für die Sauce
400 g ungesüßte Kondensmilch
200 ml Vollmilch
200 g reifer Cheddar, fein gerieben
1 EL Maisstärke
1 Prise Salz
300 g Babyspinat, in mundgerechte Stücke zerteilt
120 g Räucherlachs, in Streifen geschnitten

Als ich das erste Mal einen Polenta-Auflauf zubereitet habe, habe ich fertig gegarte Polenta verwendet. Wahrscheinlich habe ich die Anleitung nicht richtig durchgelesen, weil das Ergebnis nicht besonders toll war. Könnte auch sein, dass ich der Anleitung gefolgt bin und es einfach eine aussichtslose Sache war. Aber das muss es nicht sein, denn Polenta kann gut im Voraus zubereitet und später überbacken werden, wenn man zum Abendessen nach Hause kommt. Dieser Auflauf ist eine köstliche Alternative zu Kartoffeln oder Reis, vor allem, wenn man einfach mal eine andere Beilage essen möchte.

Los geht's mit der Polenta. Eine Kastenform mit 900 ml Fassungsvermögen einfetten und mit Frischhaltefolie auslegen.

In einem Topf 1 Liter Wasser zum Kochen bringen. In einer Schüssel Polenta, Kurkuma und Pfeffer vermischen. Diese Mischung unter ständigem Rühren mit dem Schneebesen in das kochende Wasser rieseln lassen. Die Temperatur reduzieren und weiter rühren, bis ein dicker Brei entstanden ist, der sich von den Topfwänden löst.

Butter und Käse sorgfältig unterrühren.

Die Masse in der vorbereiteten Kastenform verteilen und die Oberfläche glatt streichen. Leicht abkühlen und dann mindestens 4 Stunden im Kühlschrank fest werden lassen.

Die Käsesauce zubereiten: Kondensmilch und Milch in einem kleinen Topf unter Rühren zum Kochen bringen. Den geriebenen Käse und die Maisstärke sorgfältig vermischen. Zusammen mit dem Salz unter die Milch rühren, bis die Sauce dickflüssig ist. Vom Herd nehmen.

Den Ofen auf 200 °C vorheizen. Eine Auflaufform (etwa 25 x 30 cm) mit Öl einfetten.

Die Polentamasse in 1 cm dicke Scheiben schneiden und in die Auflaufform legen (sie können ruhig ein bisschen überlappen). Die Oberfläche dünn mit Olivenöl bestreichen. Im vorgeheizten Ofen 20 Minuten backen, damit die Polenta leicht kross wird.

Aus dem Ofen nehmen und den Spinat daraufgeben. Die Lachsstreifen darüber verteilen und mit der Sauce begießen. Zum Schluss mit dem geriebenen Käse bestreuen.

Wieder in den Ofen schieben und noch 30 Minuten backen, bis der Käse an der Oberfläche schön kross ist. Vor dem Servieren 10 Minuten ruhen lassen.

Blumenkohl-Käse-Lasagne

FÜR 6 PORTIONEN **ZUBEREITUNG** 30 MINUTEN
BACKEN 1 STUNDE

Butter für die Form
500 g Mascarpone
2 EL Knoblauchgranulat
1 mittelgroße Zwiebel, abgezogen und fein gewürfelt
1 TL Salz
1 TL schwarzer Pfeffer aus der Mühle
100 ml Vollmilch
350 g Red Leicester oder Cheddarkäse, gerieben
1 große Handvoll Schnittlauch, gehackt
2 kleine Köpfe Blumenkohl (ca. 800 g), Strunk entfernt, in feine Scheiben geschnitten
1 Kopf Brokkoli (ca. 300 g), Strunk entfernt, in feine Scheiben geschnitten
6 Lasagneblätter

Hier bekommt ihr, was auf der Packung steht. Einen Blumenkohl-Käse-Auflauf, gekreuzt mit Lasagne. Wenn euch – wie mir – beides schmeckt, werdet ihr dieses Rezept mögen.

Eine tiefe Auflaufform (25 x 20 x 8 cm) mit Butter einfetten. Den Ofen auf 180 °C vorheizen.

Die Füllung zubereiten: In einer großen Schüssel Mascarpone, Knoblauchgranulat, Zwiebel, Salz, Pfeffer und Milch sorgfältig vermischen. Dann 200 g Käse und den Schnittlauch unterrühren.

Blumenkohl- und Brokkoli-Scheiben mit 1 EL Wasser in eine mikrowellenfeste Schüssel geben, mit Frischhaltefolie abdecken und 7–8 Minuten in der Mikrowelle garen. Eventuell muss das in zwei Etappen geschehen, weil es viel Gemüse ist. Das gegarte Gemüse gut abtropfen lassen und dann unter den Mascarpone mischen.

Ein Drittel der Masse gleichmäßig auf dem Boden der Auflaufform verteilen. Drei Lasagneblätter nebeneinander darauflegen, sodass die Blumenkohlmischung vollständig bedeckt ist (gegebenenfalls müsst ihr die Blätter zurechtschneiden).

Ein weiteres Drittel der Füllung darauf verteilen und mit 3 Lasagneblättern abdecken. Die restliche Füllung darauf verteilen.

Mit geriebenem Käse bestreuen und im vorgeheizten Ofen 45 Minuten backen, bis die Oberfläche goldbraun ist und die Füllung in der Mitte dampfend heiß. Kurz vor dem Servieren auf den Ofengrill umschalten, sodass der Käse schön knusprig wird.

Pilze mit Estragon-Sauce
und Eiern auf Toast

FÜR 6 PORTIONEN **ZUBEREITUNG** 15 MINUTEN
BACKEN 25 MINUTEN

Für die Pilze

6 EL Öl

3 Knoblauchzehen, abgezogen und zerstoßen

1 mittelgroße Zwiebel, abgezogen und zu einer Paste fein gerieben

6 Riesenchampignons, Köpfe intakt, Stiele entfernt und gehackt

½ TL Salz

1 TL schwarzer Pfeffer aus der Mühle

300 g flüssige Schlagsahne

1 kleine Handvoll frischer Estragon, die Blättchen gehackt, oder 1 EL getrockneter Estragon

70 g Semmelbrösel

6 Bio-Eier

Zum Servieren

6 Scheiben Toast

Schnittlauch, in feine Röllchen geschnitten

Eine simple und herzhafte Mahlzeit, schnell, einfach und vegetarisch. Das perfekte Mittagessen, ein unkompliziertes Abendessen und auch wunderbar für einen Brunch geeignet. Die Pilze werden sanft im Ofen in cremiger Estragon-Sauce gegart. Dann wird ein Ei in jeden Pilz geschlagen, Semmelbrösel darüber gestreut und das Ganze nochmal überbacken.

Den Ofen auf 200 °C vorheizen.

Eine Auflaufform bereitstellen, die groß genug für die Pilze ist.

Öl, Knoblauch und Zwiebeln in die Form geben und mit den Händen gut vermischen. Die gehackten Pilzstiele hinzufügen und ebenfalls untermischen.

Die Pilzköpfe in die Form legen und mehrmals in der köstlichen Mischung wenden, sodass sie rundherum damit benetzt sind.

Mit Salz und Pfeffer würzen und dann mit der Unterseite nach oben in der Form verteilen. Im vorgeheizten Ofen 15 Minuten backen.

Die gebackenen Pilze aus der Form nehmen. Sahne und Estragon in die Form geben und verrühren. Die Pilze wieder zurücklegen und jeweils ein Ei hineinschlagen. Die Eier werden wahrscheinlich über den Rand der Pilze laufen, aber das ist kein Problem. Mit Semmelbröseln bestreuen. Mit Salz und Pfeffer würzen.

Im vorgeheizten Ofen nochmals 10 Minuten backen. Wenn ihr weiches Eigelb nicht mögt, backt das Ganze 5–6 Minuten länger.

Jeweils einen Pilz mit Ei auf eine Scheibe krossen Toast setzen und ein wenig von der köstlichen Sauce darüberträufeln.

Zum Servieren mit Schnittlauchröllchen garnieren.

Herzhaftes aus dem Ofen

Knuspriges Hähnchen mit Ofenpommes

FÜR 4 PORTIONEN
ZUBEREITUNG 40 MINUTEN
BACKEN 2 STUNDEN

Für das Hähnchenfleisch

1 kleines Hähnchen (1,4 kg), halbiert, mit Haut

100 ml Vollmilch

Saft von ½ Bio-Zitrone

1 TL Salz

1 TL gemahlene Kurkuma

100 g Weizenmehl

½ TL Salz

2 TL schwarzer Pfeffer aus der Mühle

Für die Ofenpommes

1 kg festkochende Kartoffeln, geschält und längs geviertelt

50 ml Pflanzenöl, plus mehr zum Fetten

4 große oder 8 kleine Knoblauchzehen, abgezogen und in feine Scheiben geschnitten

3 TL Chiliflocken (oder weniger, nach Belieben)

3 TL schwarzer Pfeffer aus der Mühle

1 kleine rote Zwiebel, abgezogen und in feine Scheiben geschnitten

3 TL Meersalzflocken

Hähnchen wie dieses bekommt man hier im chinesischen Schnellimbiss. Die Pommes von dort sind vielleicht nicht authentisch oder traditionell, in der Regel aber ziemlich gut. Warum also nicht! Die Pommes für meine Version werden im Ofen gebacken, was einfacher und gesünder ist als aus der Fritteuse. Krosses Hähnchen und pikante Kartoffeln – mehr braucht man manchmal nicht!

Die Hähnchenhälften in einen großen Topf mit Wasser geben, zum Kochen bringen und 10 Minuten köcheln lassen. Vom Herd nehmen, das Wasser abgießen und das Fleisch abkühlen lassen.

Die Buttermilch zubereiten: Die Milch in eine große Schüssel füllen, in die beide Hähnchenhälften hineinpassen. Zitronensaft, Salz und Kurkuma untermischen. Beiseitestellen und 10 Minuten ziehen lassen.

Die abgekühlten Hähnchenhälften in der Buttermilch wenden, sodass das Fleisch rundherum benetzt ist.

Die Kartoffeln 15 Minuten vorkochen. Vom Herd nehmen und abtropfen lassen.

Das Öl in einem Topf mit Antihaftbeschichtung erhitzen. Den Knoblauch im heißen Öl 1–2 Minuten hellgolden anbraten.

Vom Herd nehmen und Chiliflocken, Pfeffer, Zwiebel und Salz untermischen.

Die vorgekochten Kartoffeln in diesem Öl schwenken und beiseitestellen.

Den Ofen auf 200 °C vorheizen.

Etwas Öl auf ein großes Bratenblech träufeln. Alternativ könnt ihr die Hähnchenhälften und Pommes auf zwei Auflaufformen verteilen.

Mehl, Salz und Pfeffer in einem tiefen Teller vermischen.

Die Hähnchenhälften nacheinander mit der Hautseite nach unten in die Mehlmischung legen und dann mit der bemehlten Seite nach oben auf das Bratenblech setzen.

Die Kartoffelspalten rund um die Hähnchenhälften verteilen. Mit Alufolie abdecken und im vorgeheizten Ofen 1 Stunde backen. Dann die Folie entfernen und nochmals 30 Minuten backen.

Aus dem Ofen nehmen und vor dem Servieren leicht abkühlen lassen.

Gebackene Ratatouille

Für die Hackfleischschicht

Öl für die Form

250 g Tomatenpassata

500 g Lammhackfleisch

1 Würfel Rinderbrühe, zerbröckelt

3 Knoblauchzehen, abgezogen und zerstoßen

2 EL getrocknete Petersilie

150 g Semmelbrösel

Für die Ratatouille-Schicht

3 große Zucchini (400 g), in 2–3 mm dicke Scheiben geschnitten

3 mittlere rote Zwiebeln, abgezogen und in 2–3 mm dicke Scheiben geschnitten

6 große Tomaten (500 g), in feine Scheiben geschnitten

3 kleine Auberginen (600 g), in 2–3 mm dicke Scheiben geschnitten

3 Kugeln Mozzarella (à 125 g), gut abgetropft und trocken getupft, in Scheiben geschnitten

Für das Kräuter-Öl

50 ml Olivenöl

1 Knoblauchzehe, abgezogen und zerstoßen

1 TL getrockneter Oregano

1 Prise schwarzer Pfeffer aus der Mühle

1 Prise Salz

Außerdem

50 g Parmesan, fein gerieben

Krustenbrot

FÜR 4 PORTIONEN
ZUBEREITUNG 45 MINUTEN
BACKEN 90 MINUTEN

Ich mag Ratatouille, weil mir die Zubereitung gefällt – sie ist langsam und in der Regel passiert alles in einem Topf. Diese Ratatouille ist aufgehübscht: Das schöne Gemüse wird auf Hackfleisch geschichtet, mit Öl begossen und dann gebacken. Alles auf einmal und köstlich. Das Abendessen ist im Ofen!

Den Ofen auf 180 °C vorheizen.

Eine Auflaufform (25 x 30 x 5 cm) einfetten.

Tomatenpassata und Hackfleisch in die Auflaufform geben. Den zerbröckelten Brühwürfel, den Knoblauch und die getrocknete Petersilie sorgfältig untermischen. Im vorgeheizten Ofen 30 Minuten backen, bis das Hackfleisch durchgegart ist.

Aus dem Ofen nehmen (den Ofen aber eingeschaltet lassen) und die Hackfleischschicht mit Semmelbröseln bestreuen.

Die Gemüse- und Mozzarellascheiben gleichmäßig darauf verteilen und dabei zwischen Zucchini, Zwiebeln, Tomaten, Auberginen und Mozzarella abwechseln, bis Hackfleisch und Semmelbrösel gleichmäßig bedeckt sind.

Das Öl in einem kleinen Topf sanft erhitzen. Den zerstoßenen Knoblauch hinzufügen und anbraten, bis es zu zischen beginnt. Vom Herd nehmen und den Oregano unterrühren.

Die Gemüsescheiben mit warmem Öl bestreichen und dann großzügig mit Salz und Pfeffer würzen.

Falls ihr den Auflauf im Voraus zubereitet, könnt ihr ihn jetzt bis zum Backen in den Kühlschrank stellen. Wenn ihr soweit seid, backt den Auflauf im vorgeheizten Ofen 50–60 Minuten. Vor dem Servieren muss dann bloß noch der Parmesan darübergestreut werden.

Glasnudeln mit Hähnchen in Teriyaki-Sauce

FÜR 5 PORTIONEN   ZUBEREITUNG 25 MINUTEN, PLUS MARINIERZEIT   BACKEN 35 MINUTEN

Für die Teriyaki-Sauce

30 g feiner Rohrohrzucker

150 ml dunkle Sojasauce

30 g Ingwer, mit Schale fein gerieben

6 Knoblauchzehen, abgezogen und zerstoßen

1–2 TL Chiliflocken

5 Hähnchenoberschenkel, aus den Knochen gelöst und gewürfelt

225 g Instant-Glasnudeln (5 Nester)

Außerdem

1 kleine Handvoll Koriandergrün, gehackt

3 Frühlingszwiebeln, in feine Ringe geschnitten

1 große rote Chilischote, in feine Ringe geschnitten

weiße und schwarze Sesamsamen

Jede Mahlzeit, die möglichst wenig Abwasch produziert, zähle ich als Erfolg. Minimaler Abwasch, maximales Lächeln und noch mehr »Mmmhhh« – das sind meine Maßstäbe für ein großartiges Rezept. Und dieses pikante, frische Teriyaki-Glasnudelgericht mit Hähnchenschenkeln ist genau das. Es gibt immer »Lecker!«-Ausrufe. Und dann kommt die Frage: »Du hast Glasnudeln gebacken?« Ja, habe ich. Ach so, mit »pikant« meine ich übrigens »scharf«. Die Menge der Chiliflocken könnt ihr aber ganz nach Belieben anpassen.

Als Erstes die Sauce zubereiten: Den Zucker in einer mittleren Auflaufform in 300 ml heißem Wasser auflösen.

Sojasauce, Ingwer, Knoblauch und Chiliflocken sorgfältig untermischen.

Das Hähnchenfleisch hineinlegen und 30 Minuten darin marinieren. Wenn es schnell gehen muss, könnt ihr diesen Schritt weglassen. Wenn das Hähnchen jedoch über Nacht in der Sauce ziehen kann, nimmt es die Aromen noch besser auf. Selbst ein paar Stunden machen schon einen Unterschied.

Den Ofen auf 200 °C vorheizen.

Das Hähnchenfleisch in der Form im Ofen 25 Minuten durchgaren.

Anschließend aus der Auflaufform nehmen, die Marinade aber darin lassen. Falls zu viel Flüssigkeit verdampft ist, bis zu 300 ml heißes Wasser hinzufügen. Die 5 Nudelnester in der Marinade wenden, damit sie rundherum benetzt sind.

Ein Stück Hähnchenfleisch auf jedes Nudelnest setzen und das Ganze für 10 Minuten zurück in den Ofen schieben, damit die Nudeln die Sauce absorbieren und garen.

Aus dem Ofen nehmen und mit Koriandergrün, Frühlingszwiebeln, frischem Chili und Sesamsamen garnieren. Und schon ist das Essen fertig.

Herzhaftes aus dem Ofen

Gebackener Lachs
mit grünen Bohnen und Pfirsich

FÜR 6–8 PORTIONEN   ZUBEREITUNG 25 MINUTEN
BACKEN 25 MINUTEN

Für die grünen Bohnen
Pflanzenöl für das Blech
500 g frische grüne Bohnen
50 g gehobelte Mandeln

Für den Lachs
850 g Lachsfilet (ohne Haut)
250 g Pfirsiche (aus der Dose), Abtropfgewicht
¼ TL Gewürznelken
1 TL Knoblauchgranulat
½ TL Salz
½ TL schwarzer Pfeffer aus der Mühle
65 g Semmelbrösel, goldbraun geröstet

Für das Dressing
50 ml Olivenöl
25 ml Balsamessig
2 frische Pfirsiche, fein gewürfelt

Für Besuch bereite ich gerne eine ganze Lachshälfte zu. Es fühlt sich gut an, ein schnelles, einfaches und köstliches Gericht auf der Tischmitte präsentieren zu können. Ich hoffe dann immer auf Reste für den nächsten Tag, meistens kommt es aber nicht dazu. Dieser Fisch ist simpel – leicht gewürzt mit einer Gewürznelken-Pfirsich-Sauce und gebacken auf einem Bett aus grünen Bohnen und Mandelblättchen, angemacht mit Balsamessig und frischen Pfirsichen.

Den Ofen auf 200 °C vorheizen und ein Bratenblech bereitstellen, in das der Lachs passt.

Etwas Öl auf das Bratenblech träufeln. Die Bohnen halbieren und darauflegen.

Die gehobelten Mandeln untermischen und das Ganze mit den Händen gleichmäßig im Blech verteilen.

Den Lachs darauflegen.

Die abgetropften Pfirsiche zusammen mit Gewürznelken, Knoblauch, Salz und Pfeffer in der Küchenmaschine zu einer glatten Paste verarbeiten.

Die Semmelbrösel hinzufügen und zügig untermischen.

Die Masse gleichmäßig auf dem Lachs verteilen. Im vorgeheizten Ofen 25 Minuten backen.

Inzwischen das Dressing zubereiten: Öl, Balsamessig und 2 EL der gewürfelten Pfirsiche mit dem Pürierstab zu einem glatten Dressing verarbeiten. Die restlichen Pfirsichwürfel untermischen.

Den gebackenen Lachs vorsichtig auf eine Servierplatte setzen.

Die grünen Bohnen rund um den Fisch verteilen. Das Dressing über Bohnen und Lachs träufeln. Schon kann gegessen werden.

Gebackener Reis mit Eiern

FÜR 6 PORTIONEN   ZUBEREITUNG 20 MINUTEN
BACKEN 1 STUNDE 20 MINUTEN

Für den Reis

300 g Basmatireis
140 g Butter, zerlassen
1 TL Salz
1 TL gemahlene Kurkuma
2 TL weißer Pfeffer aus der Mühle
Abrieb und Saft von 1 Bio-Zitrone
400 g grüne TK-Bohnen

Für die Eier

6 Bio-Eier
3 Frühlingszwiebeln, in Ringe geschnitten
1 kleine Handvoll Koriandergrün, gehackt
1 Prise Salz
Paprikapulver zum Bestreuen

Dieses Rezept widerspricht all dem, was mir über Reis beigebracht wurde: Dass man ihn immer auf dem Herd und nie im Ofen gart, selbst im Falle eines besonderen Reisgerichts wie Biryani, welches in einem riesigen Topf (so groß, dass ein erwachsener Mensch hineinpassen würde) zubereitet wird. Dafür wird dieser gefährlich wackelig auf allen vier Herdplatten balanciert, sodass die Hitze an den Seiten ist, nicht in der Mitte. Es ist die reinste Jonglage, aber niemand hat je den Ofen dafür eingesetzt. Warum eigentlich nicht? Lasst es uns machen. Diejenigen, die das Reiskochen nervös macht, können beruhigt sein, denn die Zubereitung ist wirklich simpel und alles spielt sich im Ofen ab. Für einen großartigen Geschmack, ganz entspannt.

Den Ofen auf 180 °C vorheizen.

Den Reis in eine 21 x 21 cm große Auflaufform füllen. Am besten eine aus Glas, damit ihr ihm beim Garen zuschauen könnt.

In einer Schüssel zerlassene Butter, Salz, Kurkuma und Pfeffer verrühren.

Den Zitronenabrieb untermischen. Diese Mischung sorgfältig unter den Reis rühren.

Die gefrorenen grünen Bohnen gleichmäßig auf dem rohen Reis verteilen und vorsichtig 600 ml kochendes Wasser darübergießen. Mit Alufolie abdecken und im vorgeheizten Ofen 30 Minuten backen.

Die Folie entfernen und 30 Minuten weiter backen.

Inzwischen die Eier in einer Schüssel verquirlen. Frühlingszwiebeln, Koriandergrün und Salz untermischen.

Den Reis mit Zitronensaft beträufeln, sobald er aus dem Ofen kommt. Die Eiermasse darauf verteilen, großzügig mit Paprikapulver bestäuben und das Ganze nochmal für 15–20 Minuten in den Ofen schieben, bis die Eier gar sind.

Vor dem Servieren 5 Minuten ruhen lassen.

Würziger Kürbisstrudel

FÜR 6 PORTIONEN   ZUBEREITUNG 30 MINUTEN, PLUS KÜHLZEIT   DÜNSTEN/BACKEN 90 MINUTEN

Für die Füllung

3 EL Pflanzenöl

2 EL Koriandersamen, zerstoßen

3 Knoblauchzehen, abgezogen und zerstoßen

500 g geschälter Butternusskürbis, gewürfelt

Abrieb und Saft von 1 Bio-Zitrone

½ TL Salz

½ TL gemahlener Zimt

1 TL Paprikapulver

50 g Cashewkerne, grob gehackt

50 g Korinthen

1 große Handvoll Koriandergrün, die Blätter gehackt

500 g küchenfertiger Blätterteig

1 Bio-Ei, verquirlt

Meersalz

Ich liebe klassischen Apfelstrudel, eine herzhafte Variante ist aber ebenso köstlich – vor allem wenn Reste später kalt gegessen werden können. Für dieses Rezept verwende ich küchenfertigen Blätterteig, den ich mit einer würzigen Butternusskürbismasse fülle.

Zuerst die Füllung zubereiten, da sie abkühlen muss, bevor der Teig gefüllt werden kann.

Das Öl in einer Sautierpfanne mit Antihaftbeschichtung erhitzen. Die Koriandersamen hinzufügen und, sobald sie zischen, den Knoblauch untermischen und 2 Minuten goldbraun braten.

Die Kürbiswürfel dazugeben und wenden, sodass sie rundherum mit Öl benetzt sind.

Abrieb und Saft der Zitrone, Salz, Zimt und Paprika untermischen. Einen Deckel auflegen und den Kürbis etwa 40 Minuten sanft dünsten, bis die Flüssigkeit vollständig verdampft ist.

Die Pfanne vom Herd nehmen, den Kürbis in eine Schüssel füllen und mit einer Gabel zerdrücken.

Cashewkerne, Korinthen und das Koriandergrün untermischen. Vollständig abkühlen lassen.

Den Blätterteig zu einem 25 x 20 cm großen Rechteck ausrollen und auf ein mit Backpapier ausgelegtes Backblech legen. Im Kühlschrank 15 Minuten ruhen lassen.

Den Ofen auf 200 °C vorheizen und ein Backblech darin aufwärmen.

Den gekühlten Teig aus dem Kühlschrank nehmen, mit einer der kürzeren Seiten parallel zum Rand der Arbeitsfläche legen und den Rand mit verquirltem Ei bestreichen.

Die Kürbisfüllung auf dem mittleren Teigdrittel verteilen (an den Seiten etwas Platz lassen). Das untere Drittel Teig über die Füllung falten und dann das obere Drittel darüber. Die Seiten zum Versiegeln zusammendrücken. Den Strudel wenden, sodass die Naht unten liegt.

Die Oberfläche mit verquirltem Ei bestreichen und einen kleinen Schlitz in die Mitte schneiden, damit beim Backen Dampf entweichen kann. Den Strudel mit etwas Salz bestreuen und auf das heiße Blech setzen. Im vorgeheizten Ofen 40–45 Minuten backen. Falls die Oberfläche nach 35 Minuten schon stark gebräunt ist, die Ofentemperatur auf 180 °C reduzieren und den Strudel locker mit Alufolie abdecken.

Vor dem Genießen 10 Minuten abkühlen lassen.

Danksagung

Was könnte es Schöneres geben, als ein ganzes Buch über das Backen zu schreiben. Wirklich, das Schreiben dieses Buches hat mir eine große Freude bereitet, und dabei ist mir zugleich klar geworden, was ich am Backen so liebe und was es mir bedeutet – über das Produzieren von etwas Süßem hinaus.

Ich möchte mich bei der Person bedanken, die darauf gekommen ist, dass es eine gute Idee sein könnte, Butter, Eier, Mehl und Zucker zu mischen. Es war eine großartige Idee. Wer auch immer es war und egal wie weit in der Vergangenheit dies geschah: Vielen Dank! Natürlich wird diese Person meine Zeilen nicht lesen oder davon erfahren, aber wir alle müssen uns für das Geschenk bedanken, das Kuchen ist!

Vielen Dank an unsere Rezeptetesterin Katy, für das Unterstreichen, Notizenmachen und das Löschen meiner sich wiederholenden Worte. Besonders möchte ich mich für die kleinen Notizen neben Rezepttiteln bedanken, auf denen stand »das war köstlich« – denn die haben mich richtig glücklich gemacht.

Vielen Dank Chris Terry für die wunderbare Fotografie. Du wirst deiner Kunst und deines trockenen Humors wegen engagiert. Als Paket. Also denk daran, letzteren auch einzupacken.

Vielen Dank Georgia Glynn Smith von den N5 Studios.

Bei Rob Allison und Rosie MacKean möchte ich mich für all die Arbeit bedanken, die ihr darin investiert habt, dass das Essen zum Fotografieren schön sauber aussah. Danke dafür, dass ihr mich nicht dafür gehasst habt, wenn ich sagte: »Sollen wir das noch einmal machen?«.

Bei Roya möchte ich mich für ihren guten Blick und die Aufmerksamkeit für Details bedanken.

Anne, einfach immer präsent. Mit den Füßen scharren, sich einmischen, essen – und wieder von vorne!

Vielen Dank Dan und Ione, dass ihr ebenso begeistert wie ich über die Buch-Idee gewesen seid und immer daran geglaubt habt. Dan, während du dich weiter einfach durch das Essen arbeitest, werden Ione und ich uns weiter mit den Tabellen beschäftigen!

Vielen Dank an das gesamte Team, vor allem Bea für unser Hin und Her (es geht mir nie auf den Keks, das verspreche ich) und Sarah, für die wunderbare Grafik – ich bin jedes Mal beeindruckt. Vielen Dank an Claire Bush, Laura Nicol, Beth O'Rafferty, Agatha Russell, Annie Lee, Gail Jones, Dan Prescott-Bennett, Heather B und alle anderen, dass ihr Teil dieses Mammut-Projektes gewesen seid: Wir haben es geschafft!

Vielen Dank an alle, die unermüdlich mit Freude daran gearbeitet haben, dieses Buch zum Leben zu bringen. Für den E-Mail-Austausch in den frühen Morgenstunden. Für das wiederholte Prüfen der gleichen Seiten, bis alles verschwommen aussah. Für das Essen, Verwerfen und Ändern der Rezepte.

Vielen Dank an Abdal, Musa, Dawud und Maryam: Dafür, dass ihr immer Kuchen esst, denn so lange ihr Kuchen esst, werde ich ihn backen!

Register

A

Anis-Madeleines mit Grapefruit-Syllabub 39

Anis (Sternanis): Karamellpudding mit Earl Grey 108

    Brioche mit Schokocreme-Füllung 186

    Spekulatius mit Dip 160

    Anis-Madeleines mit Grapefruit-Syllabub 39

Apfel-Estragon-Auflauf aus dem Slowcooker 113

Äpfel: Virgin-Mojito-Cremespeise 68

    Apfel-Estragon-Auflauf aus dem Slowcooker 113

Arabische Pfannkuchen mit Pistazien-Minze-Honig 192

Aubergine: Bunte Pakora-Pie 92

    Gebackene Ratatouille 237

B

Baiser: Orangen-Zitronengras-Tarte mit Baiserhaube 82

    Brioche mit Zitrusfüllung und Baiserhaube 188

Bananeneis-Torte mit Blaubeer-Kompott 50

Bananen: Tahini-Kuchen mit Bananen-Curd 21

    Bananeneis-Torte mit Blaubeer-Kompott 50

    Zitroniger Früchtekuchen 132

Blätterteig: Portugiesische Blätterteigtörtchen 76

    Französische Zwiebeltarte mit Blauschimmelkäse 80

    Rote-Bete-Tarte-Tatin mit Makrele und Dill-Pesto 93

    Pithivier mit Hähnchen, Brie, Cranberry und rosa Pfeffer 94

    Würziger Kürbisstrudel 242

Blaubeer-Shinni-Kuchen 53

Blaubeeren: Maxi-Scone mit Blaubeeren und Lavendel 17

    Bananeneis-Torte mit Blaubeer-Kompott 50

    Blaubeer-Shinni-Kuchen 53

    Fruit Cobbler – Obstauflauf 102

    Hot Cross Buns mit Beerenfüllung 128

Blumenkohl-Käse-Lasagne 233

Bohnen, grüne: Gebackener Reis mit Eiern 241

    Gebackener Lachs mit grünen Bohnen und Pfirsich 240

Brioche: Brioche mit Schokocreme-Füllung 186

    Brioche mit Zitrusfüllung und Baiserhaube 188

    Brioche-Kranz mit gebackenem Camembert 144

Brombeeren: Apfel-Estragon-Auflauf aus dem Slowcooker 113

Brownies mit doppeltem Topping 28

Bunte Pakora-Pie 92

Buttercreme: Erdbeer-Cupcakes mit Erdbeereis-Buttercreme 32

    Mango-Kokos-Torte mit Buttercremefüllung 122

    Cupcake-Torte 135

    Cola-Torte 138

Butterkaramellige Müsliriegel 47

C

Cashews: Vegane Schoko-Mousse mit Orangenfilets 66

    Würziger Kürbisstrudel 242

Chai-Chia-Pudding 117

Chocolate-Chip-Cookies 165

Cola-Torte 138
Cornflakes: Schottisches Cranachan mit Mango und schwarzem Pfeffer 60
    Orangen-Zitronengras-Tarte mit Baiserhaube 82
Cornish Splits 178
Cranberries: Pithivier mit Hähnchen, Brie, Cranberry und rosa Pfeffer 94
    Hot Cross Buns mit Beerenfüllung 128
    Brioche-Kranz mit gebackenem Camembert 144
Cupcake-Torte 135
Curry: Bunte Pakora-Pie 92
    Pikantes Kichererbsen-Knäckebrot 173

D

Datteln: Karamellpudding mit Earl Grey 108
    Zitroniger Früchtekuchen 132
Dill: Rote-Bete-Tarte-Tatin mit Makrele und Dill-Pesto 93
    Focaccia mit Lachs-Dill-Füllung 198

E

Eier (Hauptbestandteil): Kartoffel-Fladenbrote mit Eier-Butter 211
    Pilze mit Estragon-Sauce und Eiern auf Toast 234
    Gebackener Reis mit Eiern 24
Eiscreme: Erdbeer-Cupcakes mit Erdbeereis-Buttercreme 32
    Fruit Cobbler – Obstauflauf 102
    Karamellpudding mit Earl Grey 108
    Mit Eiscreme überbackene Croissants 116
    Pfefferminz-Nanaimo-Schnitten 175
Erdbeer-Cupcakes mit Erdbeereis-Buttercreme 32

Erdbeeren: Erdbeer-Cupcakes mit Erdbeereis-Buttercreme 32
    Erdbeer-Estragon-Charlotte mit Passionsfrucht 55
    Geschichteter Erdbeer-Reispudding 69
    Cornish Splits 178
Espresso: Kanadische Butter Tart 87
    Cola-Torte 138

F

Fenchel-Kokos-Grissini 172
Filo-Teig: Filo-Teigtaschen mit Sahnefüllung 110
    Spanakopita mit Panir 228
Fisch: Rote-Bete-Tarte-Tatin mit Makrele und Dill-Pesto 93
    Focaccia mit Lachs-Dill-Füllung 198
    Polenta-Auflauf 232
    Gebackener Lachs mit grünen Bohnen und Pfirsich 240
Focaccia mit Lachs-Dill-Füllung 198
Französische Zwiebeltarte mit Blauschimmelkäse 80
Fruit Cobbler – Obstauflauf 102

G

Gebackene Churros mit Chili 224
Gebackene Ratatouille 237
Gebackener Lachs mit grünen Bohnen und Pfirsich 240
Gebackener Reis mit Eiern 241
Geschichteter Erdbeer-Reispudding 69
Glasnudeln mit Hähnchen in Teriyaki-Sauce 238
Granatapfel: Sfeeha-Dreieck 90
Grapefruit-Ganache-Tarte 78

Grapefruit: Anis-Madeleines mit Grapefruit-Syllabub 39
    Grapefruit-Ganache-Tarte 78
    Zitroniger Früchtekuchen 132

H

Hähnchenfleisch: Pithivier mit Hähnchen, Brie, Cranberry und rosa Pfeffer 94
    Krapfen mit Hähnchenfleischfüllung 207
    Knuspriges Hähnchen mit Ofenpommes 236
    Glasnudeln mit Hähnchen in Teriyaki-Sauce 238

Haselnüsse: Brownies mit doppeltem Topping 28
    Bananeneis-Torte mit Blaubeer-Kompott 50
    Karottentarte 74
    Chai-Chia-Pudding 117
    Honig-Torte mit gesalzenen Haselnüssen 126
    Schoko-Haselnuss-Küsschen mit Rosmarin 158
    Skandinavischer Kransekake 149

Hefekuchen mit Pekannussfüllung 140

Hefe: Sfeeha-Dreieck 90
    Hot Cross Buns mit Beerenfüllung 128
    Hefekuchen mit Pekannussfüllung 140
    Kouign Amann – Bretonischer Butterkuchen 142
    Brioche-Kranz mit gebackenem Camembert 144
    Fenchel-Kokos-Grissini 172
    Cornish Splits 178
    Sauerkirsch-Hefeschnecken 184
    Brioche mit Schokocreme-Füllung 186
    Brioche mit Zitrusfüllung und Baiserhaube 188
    Honeycomb Buns 194
    Focaccia mit Lachs-Dill-Füllung 198
    Krapfen mit Hähnchenfleischfüllung 207
    Schummel-Sauerteigbrot 210

    Zwiebel-Laugenknoten 212
    Kardamom-Zitronen-Brötchen mit Zuckerglasur 218
    Salami-Käse-Brote »Pull-Apart« 231

Herzhafter Nussbraten 148

Herzhaft: Französische Zwiebeltarte mit Blauschimmelkäse 80
    Rösti-Quiche 88
    Sfeeha-Dreieck 90
    Bunte Pakora-Pie 92
    Rote-Bete-Tarte-Tatin mit Makrele und Dill-Pesto 93
    Pithivier mit Hähnchen, Brie, Cranberry und rosa Pfeffer 94
    Tomaten-Galette 97
    Brioche-Kranz mit gebackenem Camembert 144
    Herzhafter Nussbraten 148
    Fenchel-Kokos-Grissini 172
    Pikantes Kichererbsen-Knäckebrot 173
    Focaccia mit Lachs-Dill-Füllung 198
    Krapfen mit Hähnchenfleischfüllung 207
    Kartoffel-Fladenbrote mit Eier-Butter 211
    Zwiebel-Laugenknoten 212
    Toad in the Hole – Fleischbällchen im Teig 222
    Gebackene Churros mit Chili 224
    Spanakopita mit Panir 228
    Salami-Käse-Brote »Pull-Apart« 231
    Polenta-Auflauf 232
    Blumenkohl-Käse-Lasagne 233
    Pilze mit Estragon-Sauce und Eiern auf Toast 234
    Knuspriges Hähnchen mit Ofenpommes 236
    Gebackene Ratatouille 237
    Glasnudeln mit Hähnchen in Teriyaki-Sauce 238
    Gebackener Lachs mit grünen Bohnen und Pfirsich 240

Gebackener Reis mit Eiern 241

Würziger Kürbisstrudel 242

Himbeer-Amaretti-Kekse 154

Himbeerrolle mit Vanillesauce 109

Himbeeren: Überzogene Lamington-Torte 42

    Himbeerrolle mit Vanillesauce 109

    Tottenham-Cake mit Vanillesauce 118

    Himbeer-Amaretti-Kekse 154

Honeycomb Buns 194

Honig-Torte mit gesalzenen Haselnüssen 126

Honig: Sfeeha-Dreieck 90

    Honig-Torte mit gesalzenen Haselnüssen 126

    Pikantes Kichererbsen-Knäckebrot 173

    Arabische Pfannkuchen mit Pistazien-Minze-Honig 192

Hörnchen mit Rosenblüten-Harissa 201

Hot Cross Buns mit Beerenfüllung 128

I

Ingwer-Mandel-Florentiner 169

Ingwer: Kurkuma-Ingwer-Happen 14

    Spekulatius mit Dip 160

    Ingwer-Mandel-Florentiner 169

    Schwarzkümmel-Kekse 164

    Glasnudeln mit Hähnchen in Teriyaki-Sauce 238

K

Kaffee: Brownies mit doppeltem Topping 28

    Knusprige Kaffee-Splitter 166

Kakao: Brownies mit doppeltem Topping 28

    Schokoladen-Ganache mit süß-salzigen Pita-Chips 106

    Schokoladen-Karamell-Flan 114

    Cola-Torte 138

    Pfefferminz-Nanaimo-Schnitten 175

    Brioche mit Schokocreme-Füllung 186

Kanadische Butter Tart 87

Karamellpudding mit Earl Grey 108

Kardamom-Zitronen-Brötchen mit Zuckerglasur 218

Kardamom: Saftiger Rosenkuchen 46

    Blaubeer-Shinni-Kuchen 53

    Geschichteter Erdbeer-Reispudding 69

    Filo-Teigtaschen mit Sahnefüllung 110

    Schwarzkümmel-Kekse 164

    Kardamom-Zitronen-Brötchen mit Zuckerglasur 218

Karamell: Torta Caprese mit karamellisierter weißer Schokoladensauce 30

    Butterkaramellige Müsliriegel 47

    Apfel-Estragon-Auflauf aus dem Slowcooker 113

    Schokoladen-Karamell-Flan 114

    Cupcake-Torte 135

    Cola-Torte 138

Karottentarte 74

Kartoffel-Fladenbrote mit Eier-Butter 211

Kartoffeln: Rösti-Quiche 88

    Kartoffel-Fladenbrote mit Eier-Butter 211

    Knuspriges Hähnchen mit Ofenpommes 236

Käse: Französische Zwiebeltarte mit Blauschimmelkäse 80

    Rösti-Quiche 88

    Rote-Bete-Tarte-Tatin mit Makrele und Dill-Pesto 93

    Pithivier mit Hähnchen, Brie, Cranberry und rosa Pfeffer 94

    Brioche-Kranz mit gebackenem Camembert 144

    Herzhafter Nussbraten 148

Register

Gebackene Churros mit Chili 224

Spanakopita mit Panir 228

Salami-Käse-Brote »Pull-Apart« 231

Blumenkohl-Käse-Lasagne 233

Gebackene Ratatouille 237

Kirschen (gefriergetrocknet): Knusprige Rocky Roads 56

Tutti-Frutti-Pavlova 100

Sauerkirsch-Hefeschnecken 184

Knusprige Kaffee-Splitter 166

Knusprige Rocky Roads 56

Knuspriges Hähnchen mit Ofenpommes 236

Kokos: Brownies mit doppeltem Topping 28

Torta Caprese mit karamellisierter weißer Schokoladensauce 30

Überzogene Lamington-Torte 42

Bananeneis-Torte mit Blaubeer-Kompott 50

Fruit Cobbler – Obstauflauf 102

Mango-Kokos-Torte mit Buttercremefüllung 122

Hefekuchen mit Pekannussfüllung 140

Fenchel-Kokos-Grissini 172

Pfefferminz-Nanaimo-Schnitten 175

Marmoriertes Zimtbrot 182

Koriander: Karottentarte 74

Bunte Pakora-Pie 92

Herzhafter Nussbraten 148

Toad in the Hole – Fleischbällchen im Teig 222

Glasnudeln mit Hähnchen in Teriyaki-Sauce 238

Gebackener Reis mit Eiern 241

Würziger Kürbisstrudel 242

Kouign Amann – Bretonischer Butterkuchen 142

Kransekake, Skandinavischer 149

Krapfen mit Hähnchenfleischfüllung 207

Kurkuma-Ingwer-Happen 14

L

Lammfleisch: Sfeeha-Dreieck 90

Toad in the Hole – Fleischbällchen im Teig 222

Gebackene Ratatouille 237

M

Mango-Kokos-Torte mit Buttercremefüllung 122

Mango: Schottisches Cranachan mit Mango und schwarzem Pfeffer 60

Chai-Chia-Pudding 117

Mango-Kokos-Torte mit Buttercremefüllung 122

Mandeln: Torta Caprese mit karamellisierter weißer Schokoladensauce 30

Polenta-Kuchen mit Rhabarber und Rosmarin 36

Skandinavischer Kransekake 149

Himbeer-Amaretti-Kekse 154

Ingwer-Mandel-Florentiner 169

Pfefferminz-Nanaimo-Schnitten 175

Marmorierte Matcha-Kiwi-Rolle 22

Marmoriertes Zimtbrot 182

Marshmellows: Überzogene Lamington-Torte 42

Cupcake-Torte 135

Maxi-Scone mit Blaubeeren und Lavendel 17

Minze: Tropische Schichtspeise 54

Virgin-Mojito-Cremespeise 68

Fruit Cobbler – Obstauflauf 102

Pfefferminz-Nanaimo-Schnitten 175

Arabische Pfannkuchen mit Pistazien-Minze-Honig 192

Mit Eiscreme überbackene Croissants 116

N

Nougat: Schoko-Puffreis-Happen 59

Nüsse: s. Haselnüsse; Pekannüsse; Walnüsse

O

Orangen-Zitronengras-Tarte mit Baiserhaube 82

Orangen: Polenta-Kuchen mit Rhabarber und Rosmarin 36

    Vegane Schoko-Mousse mit Orangenfilets 66

    Rote-Bete-Tarte-Tatin mit Makrele und Dill-Pesto 93

    Filo-Teigtaschen mit Sahnefüllung 110

P

Passionsfrucht: Erdbeer-Estragon-Charlotte mit Passionsfrucht 55

    Schokoladen-Ganache mit süß-salzigen Pita-Chips 106

Pekannüsse: Hefekuchen mit Pekannussfüllung 140

    Pekannuss-Empanadas 86

Pfefferminz-Nanaimo-Schnitten 175

Pfirsich: Fruit Cobbler – Obstauflauf 102

    Brioche mit Schokocreme-Füllung 186

    Gebackener Lachs mit grünen Bohnen und Pfirsich 240

Pikantes Kichererbsen-Knäckebrot 173

Pilze mit Estragon-Sauce und Eiern auf Toast 234

Pilze: Herzhafter Nussbraten 148

    Pilze mit Estragon-Sauce und Eiern auf Toast 234

Pinienkerne: Kurkuma-Ingwer-Happen 14

    Sfeeha-Dreieck 90

    Rote-Bete-Tarte-Tatin mit Makrele und Dill-Pesto 93

Pistazien: Saftiger Rosenkuchen 46

    Knusprige Rocky Roads 56

    Tutti-Frutti-Pavlova 100

    Filo-Teigtaschen mit Sahnefüllung 110

    Arabische Pfannkuchen mit Pistazien-Minze-Honig 192

Pithivier mit Hähnchen, Brie, Cranberry und rosa Pfeffer 94

Polenta-Auflauf 232

Polenta-Kuchen mit Rhabarber und Rosmarin 36

Portugiesische Blätterteigtörtchen 76

R

Rhabarber: Polenta-Kuchen mit Rhabarber und Rosmarin 36

    Rhabarber-Creme-Küsschen 157

Ricotta-Marmorkuchen mit Birnen 139

Rosenblüten: Saftiger Rosenkuchen 46

    Hörnchen mit Rosenblüten-Harissa 201

Rösti-Quiche 88

Rote-Bete-Tarte-Tatin mit Makrele und Dill-Pesto 93

S

Saftiger Rosenkuchen 46

Salami-Käse-Brote »Pull-Apart« 231

Sauerkirsch-Hefeschnecken 184

Schoko-Haselnuss-Küsschen mit Rosmarin 158

Schokoladen-Ganache mit süß-salzigen Pita-Chips 106

Schokoladen-Karamell-Flan 114

Schokoladenkuchen mit flüssigem Kern 112

Schoko-Puffreis-Happen 59

Schokolade, braune: Brownies mit doppeltem Topping 28

Torta Caprese mit karamellisierter weißer Schokoladensauce 30

Anis-Madeleines mit Grapefruit-Syllabub 39

Knusprige Rocky Roads 56

Selbstgemachte Überraschungseier 58

Schoko-Puffreis-Happen 59

Vegane Schoko-Mousse mit Orangenfilets 66

Fruit Cobbler – Obstauflauf 102

Schokoladenkuchen mit flüssigem Kern 112

Cupcake-Torte 135

Schoko-Haselnuss-Küsschen mit Rosmarin 158

Chocolate-Chip-Cookies 165

Ingwer-Mandel-Florentiner 169

Schokolade, weiße: Torta Caprese mit karamellisierter weißer Schokoladensauce 30

    Blaubeer-Shinni-Kuchen 53

    Erdbeer-Estragon-Charlotte mit Passionsfrucht 55

    Knusprige Rocky Roads 56

    »Teeramisu« mit Sommerbeeren 64

    Grapefruit-Ganache-Tarte 78

    Rhabarber-Creme-Küsschen 157

    Ingwer-Mandel-Florentiner 169

Schottisches Cranachan mit Mango und schwarzem Pfeffer 60

Schummel-Sauerteigbrot 210

Schwarzkümmel-Kekse 164

Sesam: Kurkuma-Ingwer-Happen 14

    Tahini-Kuchen mit Bananen-Curd 21

    Skandinavischer Kransekake 149

    Knusprige Kaffee-Splitter 166

    Honeycomb Buns 194

Selbstgemachte Überraschungseier 58

Sfeeha-Dreieck 90

Shortbread-Splitter mit Blütenblättern 162

Skandinavischer Kransekake 149

Spanakopita mit Panir 228

Spekulatius mit Dip 160

Spinat: Spanakopita mit Panir 228

    Polenta-Auflauf 232

T

Tahini-Kuchen mit Bananen-Curd 21

»Teeramisu« mit Sommerbeeren 64

Toad in the Hole – Fleischbällchen im Teig 222

Tomaten-Galette 97

Tomaten: Gebackene Ratatouille 237

    Toad in the Hole – Fleischbällchen im Teig 222

    Tomaten-Galette 97

    Gebackene Churros mit Chili 224

Torta Caprese mit karamellisierter weißer Schokoladensauce 30

Tottenham-Cake mit Vanillesauce 118

Tropische Schichtspeise 54

Tutti-Frutti-Pavlova 100

U

Überzogene Lamington-Torte 42

Umgedrehte Key-Lime-Cupcakes 35

V

Vanille: Maxi-Scone mit Blaubeeren und Lavendel 17
    Tahini-Kuchen mit Bananen-Curd 21
    Erdbeer-Cupcakes mit Erdbeereis-Buttercreme 32
    Umgedrehte Key-Lime-Cupcakes 35
    Überzogene Lamington-Torte 42
    »Teeramisu« mit Sommerbeeren 64
    Vegane Schoko-Mousse mit Orangenfilets 66
    Portugiesische Blätterteigtörtchen 76
    Pekannuss-Empanadas 86
    Tutti-Frutti-Pavlova 100
    Himbeerrolle mit Vanillesauce 109
    Apfel-Estragon-Auflauf aus dem Slowcooker 113
    Schokoladen-Karamell-Flan 114
    Tottenham-Cake mit Vanillesauce 118
    Mango-Kokos-Torte mit Buttercremefüllung 122
    Honig-Torte mit gesalzenen Haselnüssen 126
    Hefekuchen mit Pekannussfüllung 140
    Kouign Amann – Bretonischer Butterkuchen 142
    Rhabarber-Creme-Küsschen 157
    Chocolate-Chip-Cookies 165
    Cornish Splits 178
    Brioche mit Schokocreme-Füllung 186
Vegane Schoko-Mousse mit Orangenfilets 66
Virgin-Mojito-Cremespeise 68

W

Walnüsse: Kanadische Butter Tart 87
Würziger Kürbisstrudel 242

Z

Zimt: Butterkaramellige Müsliriegel 47
    Blaubeer-Shinni-Kuchen 53
    Karottentarte 74
    Spekulatius mit Dip 160
    Schwarzkümmel-Kekse 164
    Marmoriertes Zimtbrot 182
Zitroniger Früchtekuchen 132
Zitronen: Maxi-Scone mit Blaubeeren und Lavendel 17
    Umgedrehte Key-Lime-Cupcakes 35
    Polenta-Kuchen mit Rhabarber und Rosmarin 36
    Virgin-Mojito-Cremespeise 68
    Geschichteter Erdbeer-Reispudding 69
    Zitroniger Früchtekuchen 132
    Kardamom-Zitronen-Brötchen mit Zuckerglasur 218
Zucchini: Bunte Pakora-Pie 92
    Gebackene Ratatouille 237
Zwiebel-Laugenknoten 212
Zwiebeln: Französische Zwiebeltarte mit Blauschimmelkäse 80
    Zwiebel-Laugenknoten 212

Titel der Originalausgabe: »Nadiya Bakes«

First published in Great Britain by
Michael Joseph, 2020

Text copyright © Nadiya Hussain, 2020
Photography copyright © Chris Terry, 2020

Deutsche Erstausgabe
1. Auflage 2021
© by ars vivendi verlag
GmbH & Co. KG, Bauhof 1, 90556 Cadolzburg
Alle Rechte vorbehalten
www.arsvivendi.com

Deutsche Übersetzung: Carla Gröppel-Wegener
Lektorat: Dr. Katrin Korch
Satz: Christine Richert, typoholica.de

Druck: Appl, Wemding
Printed in Germany

ISBN 978-3-7472-0290-6

Hinweise

Löffelmaßangaben: Falls nicht anders angeführt, sind stets gestrichene Löffel gemeint. EL und TL sind Abkürzungen für Esslöffel und Teelöffel.

Sofern nicht anders angegeben, Eier der Größe M verwenden.

Sofern nicht anders angegeben, wird Weizenmehl der Type 405 verwendet.

Backofen: Der Ofen sollte stets auf die angegebene Temperatur vorgeheizt werden. Die angegebenen Temperaturen gelten für konventionelle Backöfen mit Ober-/Unterhitze. Beim Backen und Garen mit Umluft muss die Temperatur jeweils um etwa 20 °C reduziert werden. Backen und garen Sie stets in der Ofenmitte.

Hygiene: Achten Sie bei der Zubereitung von rohem Fleisch auf peinliche Hygiene. Waschen Sie benutzte Schneidebretter, Messer, Arbeitsflächen und Ihre Hände nach Gebrauch sorgfältig heiß ab. Fleisch und Gemüse nie auf demselben Schneidebrett verarbeiten. Fleisch sollte vor der Zubereitung immer trocken getupft werden.

Obst und Gemüse vor der Verarbeitung immer waschen, putzen oder bei Bedarf schälen.